我国优势运动项目体教融合研究

刘红波 著

人民體育出版社

图书在版编目（CIP）数据

我国优势运动项目体教融合研究 / 刘红波著. -- 北京 : 人民体育出版社, 2025
ISBN 978-7-5009-6369-1

Ⅰ. ①我… Ⅱ. ①刘… Ⅲ. ①体育教学—教学研究—中国 Ⅳ. ①G807.01

中国国家版本馆CIP数据核字(2023)第204624号

我国优势运动项目体教融合研究

刘红波　著
出版发行：人民体育出版社
印　　装：北京明达祥瑞文化传媒有限责任公司

开　本：710 × 1000　16 开本　印　张：11.5　字　数：209 千字
版　次：2025 年 8 月第 1 版　印　次：2025 年 8 月第 1 次印刷
书　号：ISBN 978-7-5009-6369-1
定　价：64.00元

购买本社图书，如遇有缺损页可与发行与市场营销部联系
联系电话：（010）67151482
社　　址：北京市东城区体育馆路 8 号（100061）
网　　址：https://books.sports.cn/

前 言

随着社会的进步、科学的发展，体育的竞争变得异常激烈，体育人才逐渐显示出强大的生命力。体育人才的培养主要是通过在学校的教学逐步实现的，而体教融合是新时代青少年体育改革的发展方向。

体育是我国社会发展中不可或缺的组成部分，既是人们身体健康的重要保障，也是促进社会团结、传承文化的有效手段。

在体育领域，优势运动项目通常指的是在国际和国内比赛中表现出色，在一定领域具有竞争优势的特定体育项目。这些项目通常在一国或一地区取得卓越成绩，成为该地体育的特色和亮点。优势运动项目在我国体育发展中起着重要的推动作用，不仅为我国培养了大批优秀运动员，也塑造了国家形象，增强了人民体育锻炼意识。

近年来，体育与教育的融合成为一个备受关注的话题。在这个背景下，学界加强了对优势运动项目与体育教育的深度融合研究，旨在更好地发挥体育在教育中的作用，培养学生的身体素质、团队协作能力和综合素养。

本书共分为六章：第一章概述了体教融合的历史背景、概念与特征，阐述了新时代体教融合的新内涵与新理念，分析了我国体教融合改革时代意义与新时代体教融合的推进策略；第二章为我国体教融合的政策分析；第三章分析了我国已有体教融合模式实施的效果与困境；第四章论述了我国竞技体育优势运动项目的形成与发展，简述了优势运动项目的基本特征，明确我国竞技体育优势运动项目形成的基本原理，分析了我国竞技体育优势运动项目形成的理性思考与启示；第五章为我国体教融合竞技体育人才培养现状；第六章为体教融合竞技体育人才培养模式探索，分析了优秀运动员人才的培养路径，提出体育院校竞技体育后备人才培养的优化方案，论述了运动员道德提升的路径，最后总结了我国竞技体育优势运动项目体教融合的发展路径。

由于水平有限，书中难免存在不足之处，希望得到各位同行及业内专家的批评指正。

刘红波

2022年6月

目　录

第一章
体教融合的概述

第一节　体教融合的历史背景

体教融合的历史背景是一个涵盖教育和体育领域演变的复杂过程，反映了社会对综合素质教育的不断追求与改革。在深入探讨这一历史背景之前，我们需要了解传统教育体制中学科与教育体育的分离，以及社会变迁和教育理念更新给其带来的影响。在过去的传统教育中，学科教育和体育被独立看待，学生在学校主要接受学科的单一教育，而体育则被边缘化为一门独立的课程。而随着社会的发展和对人才需求的不断变化，教育者开始认识到单一的学科知识已无法满足学生全面发展的要求，这促使了对综合素质教育的不断追求，也为体教融合的发展提供了契机。在全球范围内的教育体制改革，使体育的教育功能逐渐凸显。体育不仅是锻炼身体的手段，也成为培养学生团队协作、领导力等多方面能力的重要途径。这为教育者提供了整合学科教育和体育活动的可能性，推动了体教融合理念的逐步确立。随着改革开放的推进，我国经济迅猛发展，社会对全面素质人才的需求也在不断提升。这一时期，教育者逐渐意识到仅仅注重学科知识传授已不能适应社会的需求。因此，我国体教融合的历史背景体现了对于体育和学科教育融合的初步探索。体教融合的历史背景既是一个对过去的反思，也是对未来的展望。通过对其历史背景的深入了解，我们可以更好地把握体教融合的发展方向，推动这一理念在教育实践中取得更为深远的影响。在这一过程中，我们不仅要关注学科教育与体育的整合，更要关注培养学生全面素质、提升综合能力的使命。

一、我国体教融合发展阶段

我国体教双方在发展过程中经历了体教配合、体教结合、体教融合三个发展阶段。

（一）体教配合阶段

我国体教融合的发展经历了多个阶段，其中体教配合是其演进的早期阶段。这个阶段标志着体育和学科教育开始逐步合作、互相配合，为后续深度融合奠定了基础。中华人民共和国成立初期，我国的教育体制进行了大规模改革。在这一时期，学科教育和体育教育相对独立，体育主要被看作锻炼身体的手段，而学科知识是学生的主要学习内容。体育和学科教育在学校中存在明显的分隔，二者之间缺乏有机的联系。

1. 体教配合的特征

（1）体育辅助学科

在体教配合阶段，体育被视为学科教育的辅助手段，体育活动被纳入学科教育中，但其主要目的仍是锻炼学生的身体，而非全面素质的培养。

（2）学科与体育相对独立

学科和体育在教学上仍相对独立。学科课程和体育活动分别进行，学科学习和体育锻炼之间存在一定的分隔，缺乏深度的融合。

（3）教学资源分离

在这个阶段，学科教育和体育教育的教学资源相对独立，学科教师和体育教师各自负责自己领域的教学，缺乏资源的深度整合。

2. 体教配合存在的问题

（1）资源不均衡

在一些学校，由于师资力量、场地设施等方面的差异，体育和学科教育很难获得平等的资源投入，这可能导致体育教育在学科教育中的应用受到限制，影响到体教配合的质量和深度。

（2）时间分配不均衡

学科知识和体育活动的结合需要科学地分配时间，但在学校日程紧凑的情况下，可能很难平衡二者的时间安排。这可能导致在实际教学中，体育和学科教育之间的关系并未得到有效整合。

（3）教育者专业素养有待提升

一些教育者可能更专注于自己的领域，难以跨足到另一个领域，使得体教配合的实施难以取得理想效果。跨学科的教学要求教育者具备跨领域的知识和教学技能，这就需要对教育者进行更全面的教育培训。

体教配合是我国体教融合发展的起步阶段，为后续的深度融合奠定了基础。在这一阶段的基础上，我国逐渐意识到体育和学科教育需要更深层次的结合，从而推动了体教融合理念的逐步发展。

（二）体教结合阶段

体教结合是我国探索体教融合发展的中期阶段，标志着体育和学科教育更加深入地融合，相辅相成，为培养学生全面素质奠定了更为坚实的基础。改革开放初期，社会对于综合素质教育的需求逐渐增强，学科教育和体育教育的融合成为当时的一个关键课题。体教结合阶段是在体教配合阶段的基础上，对体育与学科教育进行更为深度融合的产物。

1. 体教结合的特征

（1）学科知识与体育相互渗透

在这个阶段，学科知识和体育活动更加紧密地结合，通过体育活动的实践运用，使学生能够更深刻地理解学科知识的实际应用。

（2）综合实践活动的开展

学校逐渐开始推进综合实践活动的开展，将学科知识与体育技能相结合。例如，通过科技竞赛、实地考察等方式，使学生在实践中不仅能学到理论知识，还能培养解决实际问题的能力。

（3）跨学科的教学团队建设

学校加强了跨学科的教学团队建设。学科教师和体育教师之间有了更多的合作机会，共同设计、实施综合性的教学方案，以确保学科知识和体育技能的有效整合。

2. 体教结合存在的问题

（1）师资力量不足

体教结合要求教育者具备跨学科的综合素质，但一些教育者可能在某一领域过于专注，导致跨领域的师资力量相对不足。这使得体教结合的实施面临师资队伍不足的挑战，需要更多教师具备跨学科的知识和教学经验。

（2）课程整合有一定的难度

整合学科课程和体育课程的内容并不容易，因为不同学科和体育项目之间存在差异，要设计出既符合教育要求，又能够有效整合的课程，需要认真思考和反复调整。这对学校的课程开发提出了一定的要求，需要有更加科学合理的整合方案。

（3）学科教育与体育教育协同有一定的难度

体教结合强调学科知识和体育活动的相互渗透，但学科教育和体育教育之间仍然存在差异。学科教育更注重理论知识的传授，而体育教育更强调对学生实践能力和动手能力的培养。如何在实践中实现两者的良性互动，仍然需要更深层次的探讨和实践。

体教结合是我国探索体教融合发展的中期阶段，为学生的全面素质培养提供了更为丰富的教育实践。在克服相应挑战的同时，体教结合能更好地适应社会需求，为学生的未来发展奠定更为坚实的基础。

（三）体教融合阶段

我国体教融合的发展经历了多个阶段，体教融合是其演进的后期阶段，标志着体育和学科教育实现了更深层次的整合和协同。随着社会经济的不断发展和教育观念的更新，对于培养具有全面素质的人才的需求逐渐增强。在这一背景下，我国开始探索使体育与学科教育结合更为紧密的路径，以实现全面素质教育目标。

1.体教融合的特征

（1）全面素质培养

体教融合强调在学科知识的基础上，通过体育活动全面培养学生的身体素质、创新能力、团队协作精神等多方面的素养。

（2）课程内容深度整合

该阶段表现为学科知识与体育活动的整合更为深入，在课程内容设计上实现了更高层次的整合，使学生在学科学习中能够运用体育元素，实现知识的跨领域应用。

（3）综合实践项目

该阶段，学校开展更为综合性的实践项目，旨在通过综合性的任务或项目，促使学生在实际操作中运用学科知识和体育技能解决问题。

（4）教学团队深度协作

该阶段，学科教师和体育教师形成更为紧密的教学团队，共同设计和实施综合性的教学方案，确保体育和学科教育的有机结合。

2. 体教融合存在的问题

（1）评价体系建设方面

传统的评价体系可能更加注重学科知识的考核，而在体教融合中，需要建立更为全面、科学的评价体系，包括学科知识、体育技能、综合素质等多方面的考量。

（2）教育资源配置方面

体教融合需要更多的师资力量、场地设施等教育资源，而这需要学校和教育部门进行更加科学合理的配置，以确保体教融合的深度和广度。

（3）对学生个体差异的关照不足

不同学生对于体教融合模式的适应程度存在差异，需要更个性化的教学策略，更加关注学生的兴趣和特长，使每个学生都能够得到适合的发展。

综合来看，体教融合是我国探索体教融合发展的后期阶段，为学生全面素质的培养提供了更加全面、深入的教育模式。因此，解决在体教融合中可能出现的问题，需要全社会的共同努力，形成合力，推动体教融合在教育领域更为全面地发展。

第二节　体教融合的概念与特征

一、体教融合的概念

（一）融合的概念

“融合”是指将不同的元素、要素或领域结合在一起，形成一个更加统一、协调和有机的整体。融合的概念在各个领域都有应用，包括技术、文化、学科、产业等多个方面。

1. 技术融合

在技术领域，融合通常指不同技术领域之间的整合与交叉应用。例如，信息技术和生物技术的融合催生了生物信息学，智能化技术与制造业的融合推动了智能制造业的发展。

2. 文化融合

文化融合是指不同文化之间的相互交流、吸收和共生。这可能涉及语言、习俗、艺术等多个方面，以此创造出新的文化形态，丰富文化的多样性。

3. 学科融合

学科融合是指将不同学科的知识和方法相结合，形成新的学科领域。例如，交叉学科研究涉及物理学、化学、生物学等多个学科，促进了学科之间的交流与合作。

4. 产业融合

产业融合是指不同产业之间的合作、整合和协同发展。通过产业融合，企业可以共享资源、提高效益，形成更加有竞争力的产业链。

5. 社会融合

在社会层面，融合是指不同群体、文化或社会元素之间协调，促进社会和谐发展。这可能包括多元文化社会的建设、社会阶层的融合等方面。

总体而言，融合强调的是各元素之间的有机结合，通过协同作用，创造出新的、更为综合的、更为强大的整体。这一概念在当代社会中，特别是在科技、文化和经济领域，具有重要的理论和实践意义。

（二）融合教育的概念

融合教育是一种综合性的教育理念，强调整合不同学科、领域、技术和方法，为学生提供更全面、更综合的学习方法。融合教育的目标是培养学生的综合素养，使其具备跨学科的思维能力、实际问题解决能力，以及适应未来社会需求的能力。

1. 综合性

融合教育注重培养学生多方面的能力，包括认知、情感、社会交往等。通过整合不同领域的知识和技能，使学生能够更全面地理解和应对复杂的现实问题。

2. 跨学科性

融合教育超越了传统学科的界限，强调不同学科之间的交叉和融合。通过跨学科的教学和学习，学生能够更好地从多维度理解问题，并形成更为全面的认知结构。

3. 实践导向性

融合教育强调理论知识与实际应用的结合。学生通过实际项目、实验和实践活动，将所学知识应用于实际情境，以此培养自己解决实际问题的能力。

4. 个性化学习

融合教育鼓励个性化学习路径，尊重学生的兴趣、需求和学习风格，学生可以更灵活地选择课程、项目和学习方式，从而更好地发挥个体优势。

5. 技术整合

融合教育充分利用现代技术手段，包括在线学习平台、虚拟实验室、远程合作工具等，以支持更灵活、便捷的学习方式。

6. 社会参与

融合教育强调学生与社会的联系，通过社会实践、社区服务等方式，培养学生的社会责任感和公民素养。

总体而言，融合教育致力于打破传统教育的狭隘边界，促使学生在多个方面得到均衡发展，为其未来的学业和职业选择奠定坚实的基础。这一概念在当代教育中备受关注，并在各个层面推动教育体系的创新和变革。

（三）体教融合的概念

体教融合是指体育与教育之间的深度融合，旨在通过体育促进教育目标的达成，以及通过教育的手段提升体育的效果。这一概念强调将体育和教育无缝连接，使其在个体和社会层面发挥最大的综合效益。

首先，体教融合注重在教育中运用体育手段。通过将体育元素融入学校课程的方式，可以更好地培养学生的身体素质、团队协作能力和创新思维。例如，通过体育活动锻炼学生的体能，培养他们的团队协作能力和沟通能力，使学生在学业中更具活力和适应力。

其次，体教融合也关注在体育中实施教育目标。不仅仅是简单的体育锻炼，还要通过体育活动培养学生的品德、纪律和责任感。体育项目的规则和竞争环境为学生提供了锻炼自我、团队协作的机会，这对于塑造学生的品格和培养他们的协作能力有着积极作用。

最后，体教融合还注重在教育和体育之间建立更为紧密的协同关系。学校和体育组织可以共同制订计划，合作开展体育课程和活动，使学生在学校和体育场馆之间更为顺畅地转换，实现对学生全面素质的培养。这种协同关系也有助于发现和培养优秀运动员，为国家培养更多的体育人才。

体教融合的概念不仅体现了教育和体育的相互促进关系，更凸显了两者共同服务社会发展的使命。通过体育的手段，可以更好地实现教育目标，培养更具综合素养的学生；通过教育的手段，可以提升体育活动的质量和社会效益。这一理念在当代教育和体育领域具有重要的指导意义，为构建更健康、更全面的社会发展模式提供了新的思路和实践路径。

二、体教融合的特征

体教融合是以教育为基础，以体育为载体，以提高青少年身体素质、健全其人格为目的，贯穿于青少年培养的全过程。教育和体育相互配合、相互促进、共同发展。通过体教融合可以推动体育与教育在人才培养上的有机结合，身体素质和文化素养培养并重，促使学生在全面发展的基础上具备健全的人格。

体教融合是新时代加强学校体育、竞技体育、群众体育和青少年体育协调发展的重要举措，是推动体教深度融合、促进青少年全面健康成长的必然选择。体教融合可以在更高层次上实现教育和体育在人才培养上的有机结合，为青少年运动员提供更加科学、优质、系统的培养体系和更加完善的竞技赛事体系。体教融合具有以下特征。

（一）目标融合

目标融合是体教融合的根本价值取向，也是实现体教融合的重要基础。在体教融合中，教育的主要功能是培养德智体美劳全面发展的社会主义建设者和接班人，体育的主要功能是增强青少年体质、提高其运动技能、锻炼其意志品质和培养其今作意识。体教融合应当着眼于促进学生全面发展，促进学生身体素质全面提升，促进学生体育素养全面提升，促进学生运动技能全面提升，促进学生意志品质和合作意识全面提升。青少年是国家的未来、民族的希望，是中国特色社会主义事业的建设者和接班人。体教融合应当坚持立德树人，引导青少年树立正确的世界观、人生观、价值观，培养德智体美劳全面发展的社会主义建设者和接班人。

（二）对象融合

体教融合将从根本上解决当前体教分离的弊端，促进体育与教育之间的协调发展。体育与教育是两个不同的领域，体育属于竞技运动领域，教育属于学校教育领域。但是，二者的根本目标是一致的，都是提高国民素质、增强国家竞争力。青少年运动员属于竞技运动范畴，是体育领域的重要组成部分，故培养一大批优秀运动员也是学校教育的重要职责和使命。体教融合可以更好地培养运动员，使其在训练时得到良好的保障，减少后顾之忧。通过体教融合可以打破传统的学校教育、竞技体育、群众体育、社会体育“四不像”的尴尬局面，实现四大领域的优势互补、相互促进，使青少年运动员在学习和训练中得到更好的保障。同时，通过体教融合可以实现教育和体育在人才培养上的有机结合，将学校教育和竞技体育有机地结合起来，为青少年运动员提供更加优质、系统、科学、全面的培养体系。

（三）内容融合

体教融合既是一种理念，更是一种实践。在体教融合中，既要强调教育、体育两个主体的共同发展，也要强调学校、社会两个系统的共同参与。体教融合要以促进青少年身心健康为目标，以提高青少年身体素质和健全人格为目的，促进教育和体育在人才培养上有机结合，以实现学生德智体美劳的全面发展。

教育是体教融合的基础，也是体教融合的起点。体育是教育的重要组成部分，推动青少年文化学习和体育锻炼协调发展是体教融合的重要内容。而学校体育中的竞技运动项目则是体教融合的核心内容。只有将学校、社会两个系统紧密结合起来，才能真正实现青少年全面发展、健康成长的目的。

（四）体制融合

体教融合是一种新型的人才培养模式，其根本目的在于推动教育和体育在人才培养上有机结合。教育和体育通过融合实现资源的共享，从而提高体育教学的质量，同时提高学校的竞技体育水平。教育和体育在更高层次上实现了体制融合，这就是国家提倡的体教融合。

目前，我国运动员输送渠道相对单一，退役后就业安置困难，大多从事教育工作。体教融合打破了以往“体教分离”的局面，通过体制上的改革，将运动员培养、竞技体育、学校体育和社会体育有机地结合起来，实现了人才培养的良性循环。目前我国运动员退役后的就业形势非常严峻，一方面是因为退役后缺乏相关的工作技能和知识，难以找到合适的工作；另一方面是因为很多退役运动员文化水平有限，导致其无法从事与文化学习相关的工作。如果能够通过体教融合实现人才培养和就业渠道的整合，将有效解决这一问题。

（五）管理融合

教育和体育两个部门之间在人才培养方面存在目标不一致、任务不清晰、责任不明确等问题。因此，必须将两个部门的管理融合起来，发挥各自优势，实现优势互补。在人才培养上，教育部门要为运动员提供更多的学习和培训机会，积极探索多样化的教育方式，切实解决运动员的学习和训练问题；在人才选拔上，教育部门要为运动员提供更多的比赛机会，以此提高运动员的比赛成绩，让更多优秀的运动员能够脱颖而出。同时，还需要加强两个部门之间的沟通协调，在人才选拔、招生工作中建立起良好的合作机制，提高管理效率。体育部门要为学校和教育部门提供更多的人才培训机会和高水平赛事机会，推动两个部门在人才培养上有机融合。

（六）环境融合

体教融合中的环境融合，主要是指两个主体环境的相互融合，包括教育环境与体育环境的融合，以及学校与家庭、社会环境的融合。体育环境与教育环境的融合主要体现在学校体育与学生健康成长的需求方面。通过体教融合，实现了学校体育与学生健康成长需求的统一，做到了让学生在学校、家庭、社会中都能享受到体育运动带来的乐趣。教育环境与体育环境的融合主要体现在体育运动对学生心理发展和身体素质提高的促进作用。青少年时期是学生心理发展和身体素质提高最为迅速的时期，体育活动能给学生一个良好的心理品质和强健的体魄。通过体育运动可以让青少年学会尊重他人，学会合作、竞争和坚持，从而形成健康向上的心态，并提升自身素质，促进自身身心全面发展。青少年时期是运动习惯养成的关键时期，通过体育活动可以培养学生良好的运动习惯，促进其终身健康发展。

（七）路径融合

体教融合的路径包括学校体育与竞技体育融合、学校教育与专业教育融合、社会培训与竞技体育融合。实现路径融合的关键是加强顶层设计，打破现有的制度壁垒，实现各部门、各系统之间的协同，为青少年运动员创造一个公平、公正的竞争环境。完善竞技体育后备人才培养体系，推进学校教育与竞技体育人才培养体系深度融合；坚持普及和提高相统一，完善学校竞技体育后备人才培养体系，把提高竞技体育后备人才培养质量作为学校教育工作的重要任务；以教育促进竞技体育发展，通过教育为竞技运动后备人才培养提供丰富的资源和平台，推动竞技体育运动整体水平提升。

第三节　新时代体教融合的新内涵与新理念

一、新时代体教融合的新内涵

（一）促进青少年健康发展

新时代体教融合的新内涵在促进青少年健康发展方面扮演着关键角色。这一理念强调了体育与学科教育的有机结合，旨在全面培养青少年的身体素质、智力水平和综合素养。新时代体教融合体现了对教育理念的深刻思考和创新，将促进青少年健康发展作为其核心任务之一。在这一理念中，体育不再只是简单的锻炼身体的手段，更是全面培养青少年的桥梁，为他们的未来奠定坚实的基础。

首先，新时代体教融合注重学生全面素质培养。传统上，学校教育主要侧重学科知识的传授，而新时代体教融合提出了全面素质培养的理念，将体育融入其中。通过参与多样化的体育项目，青少年不仅能够锻炼身体，还能培养其协调性、领导力和团队协作等社会技能，实现学生的全面发展。

其次，体教融合强调对学生健康生活方式的培养。在学科教育中，通过健康科普知识的传授，使青少年了解良好的饮食、作息、心理健康等方面的知识。同时，体育活动作为身体锻炼的重要组成部分，通过培养青少年运动兴趣，促使其在日常生活中更积极地选择健康的生活方式。

总的来说，新时代体教融合的新内涵在促进青少年健康发展方面是全方位、多层次的。通过全面素质培养和健康生活方式的养成等手段，有助于将青少年培养成为更为全面、健康、积极向上的个体，为其未来的成长奠定坚实的基础。

（二）以全面育人为目标导向

新时代体教融合的新内涵以全面育人为目标，强调培养学生的综合素养，不仅注重学科知识的传授，更关注身体、心智、品德等多个方面的全面发展。

首先，全面育人的目标导向要求体育和学科教育有机融合。从传统意义上看，学科教育和体育教育常常被认为是两个领域，而体教融合将二者有机结合，使学科知识能够在体育活动中得到应用，促进跨学科的学习和发展。通过将数学、物理、生物等学科知识融入体育项目中，使学生在运动中既能够锻炼身体，又能够拓展学科知识的应用领域，实现学生的全面发展。

其次，全面育人更注重学生身体素质与智力水平的协同提升。体育不再只是单纯的锻炼身体的手段，更是培养学生坚强意志、团队协作和领导力等品质的有效途径。通过多样化的体育项目，学生不仅可以锻炼身体的协调性和耐力，还能够培养各种社会技能，包括团队合作能力、沟通能力等，这种身心并重的育人理念有助于学生成为全面发展的个体。

再次，全面育人的目标导向还体现在对情感、品德等方面的培养。体教融合通过体育活动培养学生的团队精神、责任感和公平竞争观念，促使他们树立正确的人生观和价值观。学科教育也应当强调培养学生的创新精神、社会责任感，使其在知识学习的同时更具人文关怀和社会责任感。

最后，全面育人要求注重对学生自主发展的引导。教育不再只是简单的知识传授，更是引导学生自主探索、自主学习的过程。体育与学科教育的有机结合可以为学生提供更多的自主选择空间，让他们在体育项目中发现兴趣、展现特长，培养独立思考和解决问题的能力。

在新时代体教融合的背景下，全面育人成为育人的核心目标。通过体育与学科教育的深度融合，全方位、多层次地培养学生的身体素质、智力水平和综合素养，使其成为具备全面发展能力的新时代公民，这一理念的贯彻有助于构建更为健康、和谐的社会环境。

（三）重新划定工作职责

新时代体教融合的新内涵要求对相关部门的工作职责进行重新划定，以适应教育与体育深度融合的需求。在这一理念下，各相关部门和从业者的工作职责需要更具协同性、全面性，以共同推动学生的综合素质发展。

首先，要求学校在新时代体教融合中的工作职责更加全面。过去，学校主要负责学科教育，而新时代体教融合要求学校更加注重体育与学科教育的有机结合。这就要求学校重新规划课程体系，将体育活动融入学科课程中，通过跨学科的方式培养学生的创新思维和解决问题的能力。在新的工作职责要求下，教师需更具跨学科教学能力，协同推动学科知识教育与体育的深度融合。

其次，教育部门在体教融合中的工作职责也需要重新定位。传统上，教育部门主要关注对学科教育的管理和指导，而新时代体教融合要求教育部门更多地参与到体育教育的规划和推动工作中。教育部门应当加强对学科教育与体育深度融合的研究，并制定相关政策和标准，为学校和教师提供指导和支持。

再次，体育主管部门的工作职责也面临新的挑战。传统上，体育主管部门主要负责管理和组织体育赛事，而在新时代体教融合中，体育主管部门需要更多地参与到学校体育课程的设计和实施工作中。这就要求体育主管部门专业人士提升对学科知识的理解和应用能力，协同教育部门和学校，共同推动学科教育与体育的融合发展。

最后，社区组织在新时代体教融合中的工作职责也需要重新审视。

社区不再只是体育赛事的承办方，更应成为提供学生体育活动场所的支持者。社区组织可以通过举办各类体育活动、提供体育设施等方式，为学生提供更广泛的体育活动参与机会。同时，社区还可以协同学校和家庭，形成全方位的育人网络。

综上所述，在新时代体教融合中，工作职责被重新划定，意味着各方需要更具协同性和创新性。学校、教育部门、体育主管部门、社区组织等多方合作，协同推动体育与学科教育的深度融合，为学生提供更全面的教育体验。这种协同将促使教育体系更加灵活、适应性更强，也能够更好地满足学生全面发展的需求。

（四）多部门齐抓共管——体教融合的新机制

新时代体教融合的新内涵强调多部门齐抓共管的理念，旨在通过不同部门的协同努力，推动体育与学科教育的深度融合，为青少年提供更为全面的教育。在这一理念下，各级政府、教育部门、体育部门、社区组织等多个部门齐抓共管，形成全社会共同育人的格局。

首先，多部门齐抓共管的理念在政府层面上得到了突出体现。各级政府应当在立法和政策制定上提供相应的支持，通过政策扶持和经费支持等方式，为体育与学科教育的深度融合创造良好的制度环境。政府还可以通过推动相关法规的制定和修订，明确各部门在体教融合中的职责，促使多部门更好地协同工作。

其次，教育部门在新时代体教融合中承担着重要责任。教育部门应当制订相关的教育计划和课程体系，确保体育与学科教育的有效结合。推动学科教育与体育教育之间的深度互动，使学科知识在体育活动中得到更为全面的应用。同时，教育部门还需要加强师资培训，提高教师的体育教育水平，使其在具体的教学中更好地实施体教融合。

体育部门在多部门齐抓共管中也扮演着重要角色。体育部门应当加强对各类体育项目的组织和管理，为学生提供更加多元化的选择。同时，体育部门还需要与教育部门进行深度合作，开展符合学科要求的体育活动，促使学科知识与体育活动更加有机地结合。

在多部门齐抓共管的理念下，体育与学科教育将得到更全面、更有力的推动。政府、教育部门、体育部门、社区组织、企业等多个部门形成合力，共同育人，推动体育与学科教育的深度融合。这种合作模式不仅能够提高学生的各方面素质，还有助于构建一个更加健康、有活力的社会环境。

（五）多元主体共治

新时代体教融合的新内涵强调了多元主体共治的理念，体现了全社会共同参与、共同治理的思想。在这一理念下，不仅包括教育机构、体育专业人士，还包括学生、家庭、社区等多元主体都应该参与体育教育，形成协同育人的格局。

首先，新时代体教融合将学校、社区、家庭等多元主体纳入共治体系。传统体育教育往往是由学校这一单一主体进行管理，而新时代的体教融合认识到教育影响力的多方面来源，强调学校、社区、家庭等多元主体通过密切合作，共同参与学生的体育教育，形成教育共同体，使学生能在不同场景下得到全面培养。

其次，新时代体教融合注重学科教育和体育教育的有机结合，多元主体在知识传递和教学方法上发挥各自优势。学科教育和体育教育专业人士共同制订更全面的课程计划，将学科知识有机地融入体育活动，使学生不仅能够在运动中锻炼身体，还能够学到更多的学科知识。这种合作模式使得多元主体在学科与体育的交叉领域发挥更大的作用。

再次，新时代体教融合强调学生的主体地位，倡导学生的个性化发展。学生作为体教融合的主体之一，被赋予更多的自主权，可以根据个体差异和兴趣选择适合自己的体育项目。多元主体共治的理念也在此得以体现，学生通过主动参与和选择，能更好地适应自身的发展需求。

在家庭层面，新时代体教融合强调了家庭在培养学生良好体育习惯和价值观方面的作用。家庭成员可以成为学生进行身体锻炼的伙伴，鼓励他们参与各类体育活动。同时，家庭还可以为学生提供健康饮食和生活指导，培养学生健康的生活方式。

最后，社区在新时代体教融合中也扮演着至关重要的角色。社区作为学校和家庭之外的重要环境，可以提供更加多元的体育资源和活动，社区组织体育赛事、俱乐部活动，为学生提供更加广泛的参与机会，形成学校、家庭、社区共同协作的局面。

总的来说，多元主体共治理念强调了全社会对于青少年体育教育的共同责任。通过学校、社区、家庭等多元主体的共同参与，形成紧密合作、互补优势的体育教育体系，促进学生在身体、智力、情感等方面的全面发展。这种多元主体共治的理念将体育教育从孤立的学科教育中解放出来，更好地适应了社会对于综合素质培养的需求。

二、新时代体教融合的新理念

（一）“健康第一”理念的革新

新时代体教融合的新理念将“健康第一”提升到更为全面、深入的层面，革新了传统的健康理念。这一理念旨在通过深度融合体育和学科教育，使学生获得全面发展的同时更加注重身体健康，达到身心俱佳、全面健康的境界。现如今，健康已经不仅是身体健康，更是包括心理健康、社交健康、综合素质等多个方面。新时代体教融合的新理念强调“健康第一”，将这一理念革新到更为全面的层面。传统上，健康理念主要聚焦于体育锻炼，而新理念则更加注重通过深度融合体育和学科教育，使学生获得全面发展的同时更加注重身心健康。

首先，新理念将健康的概念拓展到心理健康。体教融合中的学科教育和体育活动相辅相成，通过运动和学科知识的有机结合，培养学生积极的心理素质。在团队合作、竞技挑战中，锻炼学生坚韧、乐观、适应力等心理品质，使其在未来面对生活中的各种压力时更具抗击力。

其次，新理念更注重对学生社交健康的培养。通过体育活动，学生不仅锻炼了个体的身体素质，更能培养其团队协作、领导能力等社交技能。在学科教育中，注重合作性学习和项目实践，使学生在团队中更好地融入，建立信任和友谊。这种社交健康的培养有助于学生在未来更好地融入社会，形成健康的人际关系。

最后，新理念还强调尊重个体差异。在体教融合中，学生有更多的选择权和自主权，可以根据自己的兴趣和擅长的领域进行深度发展。这种个性化的发展有助于激发学生的学习兴趣，提高他们学习的动力，促使其更加主动地参与学科学习和体育活动，从而更好地发展个体特长。

总体而言，新时代体教融合的“健康第一”理念的革新更注重全面、深度的健康理念。通过深度融合体育和学科教育，培养学生在身体、心理、社交和综合素质等多个方面的全面健康发展。这一理念不仅有助于学生更好地面对未来的挑战，也构建了一个更为健康、和谐的教育环境。

（二）学校体育主体地位发展理念的更新

新时代体教融合的新理念注重学校体育的主体地位，对传统学校体育的理念进行了更新，使体育在学校教育中更加凸显其独特价值。在新时代，体教融合理念将学校体育主体地位的发展置于重要位置，更新了传统学校体育的理念。传统上，学校体育常常被认为是一种课余活动，偏重对学生运动技能的培养，而新理念则更强调通过体育和学科教育的深度融合，使体育在学校教育中具备更为综合、深入的教育价值。

首先，新理念使学校体育主体地位在教育体系中更为凸显。学校作为学科教育的主要场所，通过体育与学科教育的深度融合，将体育纳入全面素质培养的核心内容。体育不再仅仅是一门单独的课程，更是整个学科体系的有机组成部分，通过与学科知识的结合，促进学生在身体、智力等多个方面的全面发展。

其次，新理念更新了学校体育的目标导向。传统体育课程注重锻炼学生的身体素质和运动技能，而新理念则强调通过体育活动培养学生的创新思维、团队协作和综合素质。体育不再仅是单纯的运动，更是培养学生全面素养的媒介。通过体育与学科的深度融合，学校体育更注重培养学生的创新能力、社交技能和领导力等方面的品质，使学生更好地适应未来社会的发展需求。

最后，新理念强调学校体育在塑造学生良好价值观和人文素养方面的作用。通过参与体育活动，学生能够在竞技中体验胜利和失败，培养他们公平竞争的观念，形成积极向上的人生态度。体育与学科教育的融合使学校更好地实现了德育、智育、体育的有机结合，为学生的全面发展提供更为丰富的教育资源。

总体而言，新时代体教融合的新理念更新了学校体育主体地位的发展理念，使学校体育在教育体系中更为重要和全面参与。通过深度融合体育与学科教育，学校体育在全面素质培养、目标导向、教学方式等方面都得到了更新和提升，为学生的综合素质发展提供了更为优越的条件。

（三）体教协同育人的价值理念

新时代体教融合的新理念强调体育与学科教育的协同育人，将体育视为全面素质培养的重要组成部分，强调通过深度融合实现学科知识与体育活动的协同育人。在新时代，体教融合的新理念将体育与学科教育视为一体，提出了“体教协同育人”的价值理念。这一理念强调体育和学科教育之间的协同关系，不再仅仅将体育看作一种运动锻炼的手段，其更是促进学科知识学习和全面素质发展的有效途径。

首先，体教协同育人的理念突破了传统观念中对体育的狭隘认知，将体育视为学科知识学习的延伸。通过深度融合，体育活动成为学科知识的实践场所，学生在运动中能够更深刻地理解学科知识，并将其应用于解决实际问题中。体育成为学科教育的有机组成部分，促使学生在运动中培养逻辑思维、创新能力等多方面的素质。

其次，体教协同育人注重学生身体和智力的协同发展。传统体育往往注重对学生运动技能的培养，而新理念将体育和学科教育相结合，使学生在身体锻炼的同时更好地发展其智力。通过在体育活动中融入学科知识，学生在锻炼身体的同时能巩固学科内容，使身体和智力的发展形成良性互动，全面提升学生的综合素质。

最后，体教协同育人的理念强调对学生团队合作和领导力的培养。通过体育活动，学生在团队合作中学会协作、相互支持，培养了他们的团队精神。在学科教育中，通过项目实践和小组合作，学生能更好地理解团队合作的重要性，锻炼其领导力。体育与学科教育的协同使学生在社交和领导方面得到更全面的锻炼。

总的来说，体教协同育人的价值理念是对传统体育理念的更新和拓展，它将体育与学科教育相融合，实现学生身体和智力、个体和团队、理论和实践的协同发展。这一理念不仅有助于培养学生的全面素质，也有助于构建更为综合、有机的教育体系，为学生未来的发展提供更广阔的空间。

（四）多元、开放、融合的治理理念

新时代体教融合的新理念强调多元、开放、融合的治理理念，旨在通过各方合作，实现体育与学科教育的深度融合。在新时代，体育与学科教育的融合不再是单一、封闭的模式，而是采纳了多元开放的治理理念。这一理念强调不同层面、不同主体的合作与协同，通过多方共治，实现体育与学科教育的深度融合，为学生提供更为全面的教育环境。

首先，多元、开放、融合的治理理念突破了传统教育体系中边界清晰的局限，吸纳了不同领域的资源。传统上，体育与学科教育往往各自为政，缺乏有效的交流与协同。而新理念将各类资源引入融合过程，包括政府、教育机构、企业、社区等多元主体。政府可以通过政策支持、资源投入等方式促进体教融合的发展；教育机构可以通过改革课程设置、优化教学模式等措施实现体育与学科教育的深度融合；企业可以提供相关的技术支持、赞助体育赛事等方式参与体教融合；社区可以提供丰富的体育资源，为学生提供更多的体育活动机会。多元主体的参与使得体教融合得以更加全面、多层次地推进。

其次，多元、开放、融合的治理理念注重协同创新。体教融合需要不同领域的专业知识相互融合，创造出更具创新性的教育方式。政府、学校、企业、社区等各个层面的合作，使体育与学科教育的融合更具前瞻性，能更好地适应时代发展的需求。通过协同创新，体教融合可以更好地满足学生全面发展的需求，使其在学科学习和体育活动中都能够得到最大程度的发展。

最后，多元、开放、融合的治理理念强调信息的共享和互通。在体教融合的过程中，各主体之间需要进行信息共享，以实现更高效的合作。政府可以通过建立信息平台，提供政策信息和资源支持；学校可以共享体教融合的成功经验和教学模式；企业可以分享先进的技术和管理经验；社区可以提供丰富的体育资源。通过信息的共享与互通，各主体可以更好地协同工作，共同推动体教融合的发展。

总体而言，多元、开放、融合的治理理念是新时代体教融合理念的一个重要内涵。通过多方参与、协同创新和信息共享，实现政府、学校、

企业、社区等多元主体的合作，使体育与学科教育更好地融合，为学生提供更为丰富、多元的教育资源，推动教育体系的创新与发展。

第四节　我国体教融合改革的时代意义

相较于体教结合的模式，新时代体教融合定位于整个学校体育，目标是要促进全体青少年健康发展[①]。新时代体教融合不仅是我国竞技体育人才培养体系改革的趋势，也是推动学校体育改革、促进学生全面发展的重要举措，此外，体教融合的有效实施也是我国体育事业健康、可持续发展的重要保障。

一、从根本上体现以运动员为本，促进我国运动员社会化发展

新时代体教融合改革的初衷是关注全体青少年群体，聚焦运动员的全面发展，促进我国竞技体育的可持续发展，正如有的学者所言："国家层面：体教融合是推进现代化体育强国发展目标的必由之路。"[②]此前，我国竞技体育发展实行举国体制是脱离了正规教育系统的竞技体育专门化体制。我国竞技体育传统的三级训练网（县区体校、重点体校和省专业队）是相对封闭的训练体制，内部办学的文化教育方式脱离了国民教育体系，是造成我国运动员学训矛盾、文化教育缺失、退役后就业难等问题的根源所在。当前造成青少年竞技体育中存在的诸多问题来自青少年竞技体育"另立于国民教育体系"和"游离于国民教育体系之外"。近年来，越来越多的有识之士强烈呼吁让我国竞技体育回归国民教育体系[①]。体教融合改革的实质是使竞技体育回归教育，革除传统的竞技体育内部培养人才运行机制弊端。

以前我国竞技体育人才培养是以金牌为导向的人才培养体制，致使运

①阳艺武，伍艺昭．体教融合背景下青少年体育后备人才培养的现实审视与战略取向［J］．武汉体育学院学报，2021，55（1）：80-86.

②田祖国，郭良如，胡科，等．论体教融合的应然选择、生成逻辑与实施方略［J］．体育文化导刊，2021（6）：96-103.

动员接受高质量文化教育和健康知识等权益不能得到充分的保障。体教融合改革所倡导的在教育系统内培养体育后备人才这一模式充分体现了以运动员全面发展为本的理念。国民教育体系培养运动员有利于运动员享受良好的文化教育，促进运动员健康、全面发展。从社会化理论角度来看，教育是人社会化发展的重要手段。生命历程理论也认为，偏离社会规定路线或者生命事件的发生顺序异于常态，往往会对个体的发展产生不良影响[②]。因此，我国运动员应与广大青少年一样，身处普通校园环境中健康成长，并接受系统的文化教育，如此才能为运动员个人社会化发展、退役后就业等打下良好基础。

二、推动了我国竞技体育人才培养回归教育系统的体制机制改革

体教结合是解决我国运动员文化与学历教育问题而进行的局部改革，是回应竞技体育系统培养运动员过程中的单方面诉求。体教结合是在操作层面的探索，体教融合更注重于竞技体育后备人才培养理念的认知[③]。新时代体教融合改革不是在体教结合基础上的“小修小补”，而是融合教育系统、体育系统、社会等多方资源，追求竞技体育回归教育的价值目标。

以竞技体育回归教育为改革的目标导向，必然引起体育竞技人才培养体制机制的深刻变化，也会涉及我国体育事业改革的诸多方面。例如，教育系统和体育系统在体育竞技人才培养领域目标的二元化协调、运动员良性流动的管理与运行、学校体育培养竞技人才的师资利益协调等具体问题。尽管体制机制改革的具体措施尚未明确，但新时代体教融合的改革理性趋向已明确并已达成共识。因此，联合教育、体育，以及社会等多方优质资源，按照“一体化设计、一体化推进”原则，我国竞技体育后备人才培养的体制机制改革必将取得显著成效。

①毛振明，夏青，钱娅艳．论体教融合的问题缘起与目标指向[J]．体育学研究，2020，34（5）：7-12.

②陈祥岩．破解优秀运动员“社会化孤岛期”的培养方式探究［J］．沈阳体育学院学报，2015，34（5）：28-32.

③刘波，郭振，王松，等．体教融合：新时代中国特色竞技体育后备人才培养的诉求、困境与探索［J］．体育学刊，2020，27（6）：12-19.

三、打破体育与教育部门壁垒，促进资源整合，推动融合发展

体育部门以运动员竞技成绩为导向，竞技训练和竞赛严重影响运动员接受文化教育的质量，从而导致运动员出现学训矛盾。教育部门以提高文化教育质量和升学率为导向，学校对学生体质和体育锻炼重视不足，对于业余训练和竞赛更是无从提起。在学校体育40余年的发展过程中，体育与教育部门始终存在着利益分化的现象，在职能、权力和责任等方面没有实现合力[①]。这也是体校运动员文化教育水平差、体育传统项目在学校建设中效果不明显的根源所在。

体教融合突破了以往“体教结合”或“教体结合”从体育系统或教育系统的自身利益出发，着眼于解决某一具体问题，只满足某一具体需求的局限性。[②]“体教融合”中的“体”和“教”分别指“体育部门”和“教育部门”，通过整合两大部门的优质资源，实现资源优化配置和青少年的健康发展。中国特色体教融合的竞技体育后备人才培养理论是要打通体育部门和教育部门在竞技体育后备人才培养上的价值冲突，突破二元对立的现实困境，实现体育部门和教育部门的融合。从学理层面分析，体教融合是遵循我国多主体共建共治共享治理逻辑。[③]

第五节 新时代体教融合的推进策略

一、建立跨部门协同机制

新时代体教融合是一项涉及多个领域的复杂任务，为了推动其在地方的实施，建立跨部门协同机制是至关重要的。在新时代体教融合的推进过程

①杨国庆，刘宇佳．论新时代体教融合的内涵理念与实施路径［J］．天津体育学院学报，2020，35（6）：621－625.

②周爱光．体教融合背景下我国学校体育改革的思考［J］．体育学刊，2021，28（2）：1－6.

③任海．中国体育治理逻辑的转型与创新［J］．体育科学，2020，40（7）：3－13.

中，建立跨部门协同机制是确保该战略成功实施的基础工作。

首先，需要明确参与体教融合的各个部门，包括教育、体育、文化、卫生等多个部门。这些部门将共同参与体教融合的规划、执行和监督等全过程，形成一个协同工作的团队。为建立跨部门协同机制，需要设立专门的协调机构。该机构可以由政府牵头成立，由相关领域的专业人士组成。这个机构的职责包括协调各部门的工作，制订体教融合的具体实施方案，推动相关政策的制定和调整，并及时解决在推进过程中出现的问题。协调机构的建立将有效整合各方资源，实现各方的合作。

其次，建立各部门定期沟通机制，促进信息共享与协同合作。由于体教融合涉及多个领域，故各部门之间的沟通至关重要。定期召开协调会议、汇报工作进展、分享经验和问题，有利于形成协同合作的共识。此外，建立信息平台，实现信息的共享，促进协同工作的高效进行。

再次，明确各部门的职责和任务，确保工作有序推进。体教融合不仅需要各部门共同努力，也需要明确每个部门的责任范围和任务。协调机构可以在制订实施方案时，明确各部门的具体职责，确保各项工作有序推进，避免出现工作交叉或遗漏的情况。

此外，鼓励部门间的资源共享与整合。体教融合需要各部门共同投入资源，包括财力、人力、物力等。政府可以通过激励政策，鼓励各部门共享资源，整合力量。例如，可以设立专项经费，用于支持体教融合相关项目，或通过税收政策给予相关部门一定的优惠。

最后，要建立相应的监督与评估机制，确保推进过程中的透明度和有效性。设立独立的监督机构或由协调机构负责监督体教融合的推进过程，对各部门的工作进行评估，及时发现和纠正问题。这有助于确保推进过程的透明度和效果。

总的来说，建立跨部门协同机制是推动新时代体教融合地方化的关键策略。通过协同工作、信息共享、资源整合和监督评估，各部门能够形成紧密合作，推动体教融合战略在地方层面的顺利实施。

二、创新教育模式

新时代体教融合推进的策略之一是创新教育模式。通过创新教育模式，可以更好地将学科教育与体育活动有机结合，提升学生综合素质。

第一，推行课程融合。设计和推行课程融合，就是将学科知识与体育活动融入同一课程。例如，在历史课上通过模拟体育赛事展示历史事件，或在数学课上通过体育运动帮助学生解决实际问题。这样的课程设计可以使学科知识更具生活化和趣味性，激发学生的学习兴趣。

第二，借助现代技术手段。利用虚拟现实、增强现实等现代技术手段，打造数字化的体育教学内容。通过这些技术，可以将学科知识与体育场景结合，创造出更具互动性和创新性的教学体验。例如，使用虚拟现实技术让学生在历史课上亲身体验古代的体育活动。

第三，开展跨学科项目学习。鼓励学校组织跨学科的项目学习，使学生能够在项目中综合运用学科知识和体育技能。通过实际项目，学生可以在团队协作中培养创新能力，同时帮助他们加深对学科的理解。

第四，创建综合素质评价体系。创新教育模式要求建立相应的评价体系，突破传统的分科评价。学校可以制定综合素质评价标准，评估学生在学科和体育融合中的表现。这种评价体系能够更全面地反映学生的能力和水平。

第五，拓宽学科教育和体育融合的场景。在校园中创造更多学科教育与体育融合的场景，如开设学科主题的运动日、文体艺术综合展示等。通过这些活动，学生可以在更多场合体验学科教育与体育的结合，促进学生全面素质的培养。

三、构建健全的体育赛事体系

新时代体教融合推进的策略之一是构建健全的体育赛事体系。通过有计划、有组织的体育赛事，可以促进学科教育与体育的融合，培养学生的全面素质。

第一，制订全面的赛事计划。学校和教育机构应该共同制订未来一年的赛事计划，计划内容需要涵盖不同类型和层次的体育赛事。这些赛事可以包括传统的体育竞赛、跨学科的综合竞赛、文体艺术表演等。计划应充分考虑体育赛事与学科教育的有机结合，使其成为学科知识和体育技能的综合展示平台。

第二，设计跨学科的竞赛项目。在体育赛事中设置涵盖不同学科的竞赛项目，要求学生在比赛中展现学科知识和体育技能。例如，可以组织关于历史、地理、数学等学科知识的体育竞赛，使学生在比赛中全面展示自己的素质。

第三，注重赛事体验与教育效果。要求举办的赛事不仅是一场比赛，更应注重学科教育与体育的融合，关注学生综合素质的培养。在赛事中引入创新的教育元素，例如设立学科展示区、知识问答环节等，使学科内容与体育赛事深度融合，提高学生对学科的兴趣。

第四，建立相应的赛事评价机制。设立综合的赛事评价机制，不仅要对运动成绩进行评估，还要考查学生在比赛中展现的学科知识应用、团队协作能力等方面，评价结果应能够为学生提供全面、具体的反馈，帮助他们更好地理解体育赛事的教育价值。

第五，促进校际、校内合作。鼓励学校之间、学科之间的合作，共同组织和举办相关体育赛事。通过合作，可以拓宽赛事的层次和规模、提高赛事的影响力。同时，能在校内推动不同学科的教师协同参与体育赛事的策划和组织，促进学科与体育的融合。

四、资源共享

在新时代，体教融合的推进策略之一是通过资源共享来促进学科教育与体育的有机结合，资源共享能够提高学校的整体素质，丰富教育内容。

第一，建立校际、校内资源合作机制。学校可以与其他学校建立合作关系，形成校际资源共享。通过这种合作，不同学校之间可以互相分享体育设施、教学资源、教师经验等。同时，在学校内部，各学科教师之间也应该建立相应的资源共享的机制，以便更好地将体育教育融入各个学科。

第二，推动与社区、企业的合作。学校可以积极与社区和企业建立合作关系，实现跨领域资源的共享。社区可以提供运动场地、社会实践机会等资源，而企业可以提供赞助、专业培训等支持。这种多元的资源共享有助于打破学校的固有边界，为学生创造更加丰富的教育环境。

第三，共建体育文化中心。学校可以与社区共建体育文化中心，成为学科教育与体育融合的平台。该中心可以开设多种体育活动、课程，为学生提供更广泛的体育体验。同时，学科教师可以借助这一平台将学科知识与体育活动相结合，促进跨学科的交流与合作。

第四，利用信息化手段进行资源整合。借助现代信息技术，建立资源共享平台。通过在线资源库、云平台等方式，学校可以将各类教育资源整合在一起，方便教师共享资源，促进学科与体育的融合。

第五，建立专业的研究团队。学校可以组建专业的研究团队，集结不同学科背景的专业人才。这样的团队可以推动学科教育与体育的深度融合，开展相关的研究项目，为学科与体育的融合提供更多的理论和实践支持。

第六，建设开放式的体育设施。学校的体育设施应该对社区和其他学校开放，形成资源的互通互用。这种开放式的体育设施有助于提高设施的利用率，推动体育资源的共享，同时也为学科教育与体育的融合提供更多的场地和条件。

第二章 我国体教融合政策分析

第一节 我国体教融合政策解读与一体化治理研究

一、“情境—结构—行为”的三维分析视角阐释

体教融合政策是指在我国教育体制中，将体育与教育相结合，通过体育活动促进学生全面发展的一项政策。这一政策的实施旨在推动学生身心健康发展和全面素质的提升，并促使教育体系更好地适应现代社会需求。从“情境—结构—行为”的三维分析视角来看，体教融合政策可以在多个层面进行深入分析。

首先，在“情境”层面，我们可以看到体教融合政策是在社会、文化、经济等多重背景下制定和实施的。当前，我国面临着快速发展的社会变革，学生的生活方式和学习需求也在发生变化。同时，传统的教育体系对于培养学生的综合素质方面还有待提高。因此，体教融合政策的制定是对现实情况的回应，旨在通过体育活动为学生提供更为全面的成长环境。

其次，在“结构”层面，政策推动了学校体育和课堂教学的有机结合。学校将体育纳入课程体系，不再是单纯的运动训练，而是更强调在体育活动中培养学生的创新、团队协作等综合素质。通过优化教育结构，学生在参与体育活动的同时能够培养学科知识和实际技能，使学习更加立体、多元。

最后，在“行为”层面，政策促使学生在体育和学业之间建立起更加密切的联系。学生通过体育活动，不仅能锻炼身体，还能培养自律、毅力等学习和生活中所需的重要品质。同时，学校、家庭和社会共同参与，形成良好的教育生态，引导学生在全面发展中找到自己的兴趣和潜能。

总体而言，体教融合政策的“情境—结构—行为”三维分析视角下，充分考虑了社会发展的需要、学校体育结构的优化，以及学生行为的引导。通过政策的实施，促使学生在体育和学业中取得平衡，全面提升他们的综合素质，更好地适应未来社会的发展需求。这一政策不仅有助于培养更为全面的人才，也为中国教育体系的创新和进步提供了有益的探索和实践。

二、体教融合政策的结构一体化治理

（一）努力实现大—中—小—幼体育课程结构一体化

在当今社会，体育教育已经超越了传统的体能训练模式，逐渐演变成一个关乎身心健康、综合素质培养的重要领域。为了更好地适应学生的成长特点和社会需求，努力实现大—中—小—幼体育课程的结构一体化已经成为教育体制改革的迫切任务。大—中—小—幼体育课程的结构一体化并非简单地将课程内容叠加，而是通过深度整合，形成一个贯穿学校教育全过程的教育体系，促使学生在不同学段都能够获得有机而连贯的体育教育。这不仅关系学生的身体素质和健康，更涉及培养学生全面素质的目标，是培养未来社会所需人才的重要一环。

在高等教育阶段，学生面临着从高中到大学的重要转变，不仅需要适应新的学科学习和生活环境，还需要全面发展个人的团队协作和创新能力。因此，大学体育课程的结构一体化既要强调学科知识的深入学习，又要注重培养学生的身体素质和综合素质，为其未来职业和社会参与打下坚实基础。中学体育课程的结构一体化则要关注学生身体和心理发展的特点，通过有针对性地开展体育教育，培养学生的运动兴趣和锻炼习惯。这个阶段的体育教育要注重学科教育与体育活动的有机结合，实现学生全面素质的提升。而在小学和幼儿园体育课程中，培养学生对体育的兴趣和基础运动技能是关键。通过寓教于乐的体育活动，不仅可以促进学生的身体发育，还可以在游戏中培养团队协作和互动能力，奠定学生终身体育锻炼的基础。

1. 体育课程一体化的基本内涵与结构框架

体育课程一体化是指在学科教育中融入体育教育元素，或者在体育教育中融入学科知识，使之形成一体化的课程体系，以全面促进学生的身心健康和综合素质发展。

（1）全面素质培养

体育课程一体化的核心目标是全面培养学生的身心健康和综合素质。这就要求除了关注学科知识的学习，更需要注重培养学生的体育素养、团队协作等多方面的综合素质。通过体育课程，学生能够在促进身体发展的同时，获得更全面的发展。

（2）学科教育与体育的融合

体育课程一体化要求学科教育和体育之间实现深度融合，使学科知识在体育活动中得到运用，或者体育成为学科教育的载体。这样的融合能够提高学科知识的实际应用性，使学生在锻炼身体的同时能够巩固和拓展学科知识。

（3）跨学科教学

体育课程一体化倡导跨学科的教学方法，即引入其他学科的元素，使学生在体育活动中接触和应用多元学科知识。例如，通过运动中的测量学习数学概念，或者通过探究运动生理的知识理解生物学知识，这有助于激发学生对多学科的兴趣和理解。

（4）个性化学习

体育课程一体化关注学生的个体差异，支持个性化学习。要求课程设计应考虑学生的兴趣、特长和发展需求，提供灵活的学习选择，这样的个性化设计有助于激发学生学习的主动性和积极性。

（5）人生规划与发展

体育课程一体化不仅关注当前学科知识和体育技能的培养，还致力于帮助学生进行人生规划。通过引入职业体育知识、健康生活方式等内容，培养学生对自身未来职业和生活的认知，使体育成为支持其终身发展的重要因素。

总体而言，体育课程一体化以全面发展学生为目标，通过学科教育与体育的有机融合、跨学科教学、个性化学习和人生规划，促使学生在学科学习和体育锻炼中获得更为全面的发展。

2. 大—中—小—幼体育课程结构一体化建设中的问题治理

大—中—小—幼体育课程结构一体化建设是我国教育体制深化改革的一项重要任务，旨在通过整合各个学段的体育课程，形成有机衔接的教育体系，促进学生综合素质的提升。然而在实践中也面临一些问题，需要采取有效措施加以解决。

（1）学科教育与体育融合难度大

学科教育与体育的融合需要专业知识和教育理念的协同，但受固有的师资结构、教育资源等方面的限制，学科教师与体育教师之间的合作不够密切，融合难度较大。为了解决这一问题，学校需要加强师资培训，提升教师的综合素质。同时，推动学科教师与体育教师之间的跨学科培训和合作，促使他们更好地理解对方的专业领域，实现知识的有机融合。

（2）学段过渡缺乏衔接

大、中、小、幼各个学段的体育课程设置、教学方法等存在一定的差异，学段之间的过渡不够流畅，可能导致学生在学科学习和体育锻炼中出现断裂感。为了解决这一问题，学校需要制定明确的学段过渡方案，明确各学段体育课程的衔接点。同时，加强各学段之间的教育协同，推动学科教育与体育的连贯性发展，确保学生在学段过渡中有更平稳的体验。

（3）体育资源分配不均衡

由于学校规模、地域差异等原因，体育资源的分配存在不均衡现象，一些学校可能面临师资短缺、设施陈旧等问题，影响了结构一体化的顺利推进。为了解决这一问题，政府应加大对基层学校的支持力度，优化资源分配，确保每所学校都能够为学生提供良好的体育教育条件。同时，通过建立资源共享机制，实现学校之间体育资源的有机衔接，提升整体教育水平。

（4）评价体系不完善

目前的评价体系主要侧重对学生学科知识的考核，对体育素养和综合素质的评价相对薄弱，难以全面反映学生在结构一体化体育课程中的成长。为了解决这一问题，学校应优化相应的评价体系，引入多元评价方法，包括体育技能测试、体育项目实践、团队协作评价等，以确保评价体系能够全面、科学地反映学生在学科与体育融合课程中的发展情况。

（5）课程内容和形式单一

体育课程在设计上较为单一，缺乏创新的教学内容和形式，影响学生对体育的兴趣。为了解决这一问题，学校应设计多样化的体育活动和课程，结合学科特点引入趣味性和实践性强的内容。倡导探究式学习和团队协作，激发学生对体育学科的热爱。

（二）加快完善青少年体育赛事结构一体化

体育与教育的融合是一项重要的社会发展任务，尤其在青少年体育赛事的结构一体化方面更为突出。在这一过程中，我们应加快完善青少年体育赛事结构一体化，以更好地促进青少年的全面发展。在当今社会，随着教育理念的不断发展和体育在青少年成长中的重要性日益凸显，加快完善青少年体育赛事结构一体化成为促进学生全面发展、提高综合素质的关键一步。通过将学科教育与体育赛事融合，不仅可以培养学生的运动技能，更可以促进其对学科知识的应用与拓展，实现教育与体育的无缝对接。在这个背景下，加快完善青少年体育赛事结构一体化已成为社会各界共同关注的重要议题。结构一体化所倡导的理念是以体育赛事为纽带，将学科教育与体育训练相互贯通，构建一个全面促进青少年身心健康发展的体制。这不仅要求我们对体育赛事的层次结构进行科学规划，确保其适应不同年龄层次、水平的青少年，还要求将学科知识与体育训练相结合，使学生在运动中不仅能够锻炼身体，更能加深对学科知识的理解。

1. 建立多层次的青少年体育赛事层次结构

为适应不同年龄层次、水平的青少年，应建立多层次的青少年体育赛事层次结构。从校级、地区级到省级、国家级，形成渐进、衔接的竞赛体系，使更多的青少年有机会参与体育赛事，以激发他们对体育的兴趣与热情。同时，这一层次结构的建立有助于选拔和培养优秀运动员，为国家输送更多优秀的后备人才。

2. 推动学科教育与体育赛事的深度融合

要使体育赛事与学科教育深度融合，需要在赛事中引入与学科相关的比赛项目。例如，在足球比赛中加入计算射门角度的数学元素，或者在田径比赛中融入物理学的相关知识，这样的设计不仅能使学生在比赛中实际运用学科知识，还能打破学科教育与体育之间的界限，实现学生全面素质的提升。

3. 建立全面的综合评价机制

要全面评价青少年体育赛事，不仅需要关注学生的运动成绩，还应该注重评价学生在比赛中表现出的综合素质。这就需要建立包括体育技能、团队协作、创新能力、领导才能等多方面要素的综合评价机制，使学生在参与体育赛事的过程中得到全面的发展。

4. 创新赛事形式，推动多元化发展

为了满足青少年多样化的兴趣和特长，需要创新体育赛事的形式，不仅要有传统的竞技类比赛，还应该包括文体艺术、科技创新等方面的赛事。通过设置多元化的赛事，既能让更多学生找到适合自己的比赛项目，也能激发其在不同领域的兴趣与潜力。

5. 强调赛事与社会实践的结合

将体育赛事与社会实践相结合，可以通过组织社会服务、公益活动等形式，使体育赛事更加贴近社会需求，培养青少年的社会责任感和团队协作能力。这种结合不仅能让青少年在比赛中锻炼身体，更能培养他们积极参与社会事务的意识。

总之，加快完善青少年体育赛事结构一体化是促进青少年身心健康发展的关键一环。通过建立多层次的青少年体育赛事层次结构、推动学科教育与体育赛事的深度融合、建立全面的综合评价机制、创新赛事形式以及强调赛事与社会实践的结合，我们有望构建一个更为科学、全面的青少年体育赛事体系，为培养更多全面发展的青少年人才奠定坚实的基础，这既是对青少年个体全面发展的关怀，也是对国家未来综合素质人才培养的积极探索。

三、体教融合政策的行为一体化治理

体教融合政策的提出旨在深度融合体育与教育资源，促使学生在身体

健康、综合素质、学科知识等方面得到全面发展。在这一政策框架下，通过行为一体化治理，即在推动体育与教育的融合过程中，实现学校、家庭、社会等多元主体的协同，形成有机的教育生态。

以下将从学校、家庭和社会三个层面探讨体教融合政策的行为一体化治理。

（一）学校层面的行为一体化治理

在体教融合政策的框架下，学校作为培养学生全面素质的关键场所，发挥着重要作用。在推动行为一体化治理中，学校应该通过建立健康行为规范、推动综合素质教育、强化班级管理等措施，全面培养学生的身心健康、品德修养和团队协作等方面的素质。

1. 建立健康行为规范

学校应该制定并贯彻健康行为规范，明确学生在学校内外的行为准则，包括对体育活动的参与要求和卫生习惯的培养，以及对学科知识的学习和社交行为的规范，这有助于引导学生养成积极健康的行为习惯。学校应明确学生每周参与体育锻炼的时间和内容，鼓励学生积极参与各类体育活动，强调学生的个人卫生习惯，促使他们养成良好的生活习惯，如勤洗手、保持整洁等，并制定学科学习的规范，要求学生学习专注、按时完成作业，以提高学习效率。

2. 推动综合素质教育

综合素质教育是体教融合政策的核心之一，学校应将其融入体育课程和学科课程中，通过多元化的教学手段，培养学生的全面素质。在体育课程中引入相关学科知识，使体育活动与学科学习相互融合。例如，在足球比赛中加入几何知识，通过计算射门角度来培养学生的数学思维。通过体育课程和其他团队活动，培养学生的团队协作精神；组织学生参与集体体育项目，鼓励他们共同努力、互相配合；通过开展社区服务、公益活动等，培养学生的社会责任感。学校可以组织学生参与各类志愿服务活动，让他们在具体实践中体验社会责任。

3. 强化班级管理

班级是学生集体生活和学习的主要单位，班级管理的有效性对于行为一体化治理至关重要。学校应着力打造整洁、舒适的班级环境，鼓励学生主动参与班级卫生建设，养成良好的卫生习惯。通过班级团队活动，如文体比赛、班级活动等，增进学生之间的感情，培养团队协作精神。学校应该提供心理健康辅导服务，帮助学生摆脱学业和生活中的困扰，促使他们形成积极向上的心态。

（二）家庭层面的行为一体化治理

在体教融合政策的背景下，家庭是学生行为养成的重要环境。通过在家庭层面实施行为一体化治理，可以更好地促进学生身心健康、综合素质和社交行为的全面发展。

1. 营造健康的家庭环境

家庭环境对孩子的成长有着深远的影响，故而家长应当注重家庭文化的建设。积极向上的家庭文化能够培养孩子的积极心态和向上向善的行为习惯。家庭是孩子成长的第一所学校，鼓励孩子参与户外活动是培养其运动习惯的有效途径。家长可以组织家庭运动日，共同享受户外健康的生活方式。同时，家庭应建立清晰的行为规范，明确家庭成员在日常生活中的行为要求，包括尊重他人、互助合作、积极向上等，以培养孩子正确的行为观念。

2. 家庭教育的融入

家长要积极参与孩子的学习，了解其学科成绩、学业进展，并与学校保持密切联系。通过与学校的协同，能够更好地引导孩子养成良好的学习习惯和行为习惯。家庭是孩子价值观形成的重要场所，父母要注重对孩子进行正确的价值观引导，培养孩子的责任心、诚信、爱心等，使其形成积极向上的行为模式。家长应与孩子建立良好的沟通关系，关心孩子的内心感受，及时发现并解决孩子在学校和生活中遇到的问题。良好的家庭沟通有助于孩子形成积极健康的行为态度。

3. 设立行为目标

家庭成员可以一起制定健康、学习等方面的行为目标。通过家庭会议或讨论，共同制定每个人的行为目标，形成全家共建的良好氛围。家长要鼓励孩子自主规划自己的学业和生活，引导他们设立明确的短期和长期目标，培养孩子自主管理的能力，使其在行为上更自律。在家庭中可以设立一定的奖惩机制，对于良好的行为给予奖励，对于不良的行为进行适当的惩罚。奖惩机制有助于引导孩子养成良好的行为习惯。

（三）社会层面的行为一体化治理

在体教融合政策实施的大背景下，社会是学生行为塑造的外部环境之一。社会层面的行为一体化治理需要通过社区共建、建设公共体育设施、宣传普及体育知识等手段，形成多元主体合作的良性教育生态，全方位促进学生的身心健康和全面发展。

1. 社区共建

社会组织可以通过组织各类体育活动，如社区篮球比赛、健康跑步等，为学生提供更多的校外锻炼机会。社区体育活动有助于拉近居民间的关系，形成共同关注学生身心健康的氛围。政府应鼓励社区居民建设健康社区，如设立公共健身设施、绿道等，为居民提供更多的户外运动场所，帮助居民形成积极的生活方式。社区还可以定期开展健康讲座，邀请专业人士为居民讲解健康知识、运动常识等，以提高居民对体育重要性的认知。

2. 建设公共体育设施

政府和社会组织应共同投入力量，增加公共运动场地的建设，为学生提供方便、安全的锻炼场所，鼓励他们参与各类体育活动。社区可以邀请专业的运动教练，为居民提供个性化的运动指导和建议，以此提高运动效果、降低运动风险。社会组织可以定期组织社区健身活动，如晨跑、夜跑、团体健身操等，让居民在轻松愉悦的氛围中锻炼身体，形成共同关心身体健康的社区文化。

3. 宣传普及体育知识

社会组织可以通过各类媒体平台，如电视、广播、互联网等宣传体育知识。借助媒体的力量，提高公众对体育的认知，促使更多人关注学生身心健康。同时，社会组织可以利用社交媒体平台，发布关于体育、运动、健康生活方式的信息，鼓励居民分享自己的健身经验和成果，在社交媒体上形成健康风潮。社会组织还可以定期举办体育知识讲座，邀请专业教育者、医生、运动员等为居民普及体育知识，引导他们正确理解体育的重要性。

（四）跨层面的行为一体化治理

在体教融合政策的框架下，跨层面的行为一体化治理是一项综合而复杂的任务，即学校、家庭、社会三个层面的有效协同合作，有助于全面促进学生身心健康和综合素质的发展。

1. 建立信息共享平台

学校应建立信息共享平台，实现学科成绩和体育表现的全面考核，这有助于形成更全面、更准确的评价体系，促使学生在学科学习和体育锻炼中形成协调一致的行为模式。平台应涵盖学校、家庭、社会三方的信息，内容包括学生的学习情况、身体健康状况、参与社区体育活动等方面，这有助于各层面更全面地了解学生的情况，实现信息的共享。平台应建立实时反馈机制，使学校、家庭和社会能够及时获取学生的最新信息。通过及时反馈，各层面可以更灵活地调整相应的教育策略，促进学生更好地发展。

2. 加强跨层面沟通与合作

通过定期的联席会议或沟通平台，学校、家庭、社会三方可以做到协同工作，共同讨论学生的发展情况和制订相应的教育计划，形成三位一体的教育共同体，以实现跨层面的有效沟通。同时，制定“家校社合作机制”，确保学校、家庭、社会之间信息的畅通和资源的共享。建立家校社合作委员会，促进合作交流，共同推动学生行为的一体化治理。建立跨层面的危机处理机制，当学生在学校、家庭或社会出现问题时，能够迅速形成跨层面的协同应对，保障学生的身心健康和全面发展。

在体教融合政策的实施下，通过学校、家庭、社会三个层面的行为一体化治理，可以实现多元主体之间的有效协同，促进学生在体育和教育领域的全面发展。这既是政策的实施，也是全社会共同关注学生身心健康的具体行动。通过不同主体之间的合作与协同，形成有机整合的教育生态，为学生的全面发展提供更为有力的支持。

第二节　国家为什么提倡并强调体教融合

一、国家提倡并强调体教融合理念的原因

国家提倡并强调体教融合的理念，是出于综合素质教育的需求和对新时代人才培养目标的认识。这一理念的推行不仅源于过去对学科知识单一培养模式的反思，也反映了对全面素质发展、身心健康和社会适应力等多方面需求的重视。

（一）全面素质培养需求

传统的学科教育注重对学科知识的传授，但在培养学生全面素质方面存在一定的不足。新时代对人才培养提出更高要求，学生不仅要具备专业的学科知识，还要具备良好的身体素质、创新能力、团队协作等多方面的素养。体教融合的理念将体育和学科教育相结合，有助于全面培养学生的综合素质。

（二）身心健康的重要性

身心健康是学生全面发展的基础。过度强调学科知识，可能会导致学生在学业压力下忽视身心健康。体教融合强调体育与学科教育的有机结合，通过体育活动提高学生身体素质，促进身心健康的全面发展，有助于预防一些健康问题，提高学生学习和生活的质量。

（三）社会需求的多元性

现代社会对人才的需求越来越多元化，不仅需要专业领域的人才，还需要具备广泛知识和综合素质的复合型人才。体教融合能够培养学生的团队协作、创新思维、沟通能力等社会交往能力，使其更好地适应未来多元化、复杂化的社会环境。

（四）激发学习兴趣

在过去的传统教育模式中，学生可能会因为学科内容单一和枯燥而对学习失去兴趣。体教融合通过引入体育元素，使学科学习更加生动有趣，激发学生对学习的兴趣。学生在体育活动中可以对学科知识进行实际运用，更容易对学习产生浓厚的兴趣，提高学科学习的积极性。

（五）国际教育趋势

在国际上，越来越多的国家开始注重全面素质教育，提倡体育与学科教育的融合。我国在教育领域也借鉴和吸纳了一些先进的国际经验，体教融合的理念正是这一趋势的体现。通过与国际接轨，我国能够更好地培养具有国际竞争力的人才。

总体而言，国家提倡并强调体教融合的理念是为了更好地适应社会发展的需要，培养具备综合素质、全面发展的新时代人才。这一理念的推行有助于学生更好地适应未来社会的复杂性和多元性，同时提高我国人才的整体竞争力。

二、体教融合政策的目标导向

体教融合政策的提出是为了在我国教育体系中实现体育与学科教育的有机结合，全面促进学生的身心发展，提高他们的综合素质。这一政策的目标导向体现在多个层面，涵盖了全面发展、身心健康、团队协作与领导力、学业兴趣，以及社会需求等方面。

首先，体教融合政策的目标导向是学生的全面发展。过去，教育体系主要注重传授学科知识，在一定程度上忽视了学生其他方面的发展。体教融合的目标在于使学生在学习学科知识的同时，通过体育活动培养其身体素质、情感智力、社会能力等多方面的素养。政策强调学生的全面发展，希望培养的学生不仅在学业上有所成就，还能在生活中具备全方位的能力，成为全面发展的新时代人才。

其次，体教融合政策的目标导向是促进学生的身心健康。现代社会，学生面临着诸多压力，身心健康问题愈加突出。体育作为一种全面的身体活动，对于促进身心健康具有积极的作用。通过将体育与学科知识相结合，将体育纳入校园生活，旨在通过规范的体育锻炼增强学生的体魄、提高身体素质、预防和改善相关健康问题，为学生健康成长提供有力支持。

再次，体教融合政策的目标导向是培养团队协作能力和领导力。在社会中，团队协作能力是非常重要的素质，直接关系到个体在职场和社交中的竞争力。体教融合政策通过引入团队体育活动，着力培养学生的合作与领导意识。在团队体育中，学生需要相互协作、相互信任，同时有机会担任领导角色，以锻炼领导才能。这有助于培养学生在团队合作和领导中表现出色的能力，为其未来的职业生涯打下基础。

此外，体教融合政策的目标导向是培养学生的学习兴趣。学生在学业中的兴趣直接关系到学习的效果。体教融合政策通过将体育活动融入学校课程，使学生在学习中体验到更多的趣味和挑战。通过参与体育活动，学生能够培养学科学习的兴趣，激发学生对知识的好奇心和热情，提高他们学习的主动性和积极性。

最后，体教融合政策的目标导向是适应社会需求。社会在不断发展，对人才的需求也在不断变化。因此，传统的学科教育难以满足当今社会的需求。体教融合政策的目标在于培养能够适应社会需求的新型人才，具备全面素质的人才更容易适应社会的多样性，也更具竞争力。

总体而言，体教融合政策的目标导向是多层次、多方面的，旨在全面提升学生的素质。这一政策的实施有望培养综合素质更高的学生，也为他们未来的发展和社会的进步创造了更加有利的条件，同时为我国教育体制的创新与发展提供了积极的探索路径。

三、体教融合提出的重大意义

2020年8月，国家体育总局、教育部联合印发《关于深化体教融合 促进青少年健康发展的意见》（以下简称《意见》），首次提出“融合发展”这一概念，不仅是对体育和教育两大部门传统职能边界的厘清，更是对新时代体育和教育发展理念、发展方向、发展路径和发展方式等一系列重大问题的深刻思考。《意见》将体育和教育两大部门在传统职能基础上的整合创新提升到了一个新高度，不仅对新时代我国体育事业、教育事业的改革、创新、发展具有重要的意义，而且将对我国社会发展产生深远的影响。

（一）体教融合是新时代我国体育事业、教育事业改革创新的新思路、新战略

体教融合是我国在体育事业和教育事业发展中长期探索、积累形成的重要经验，是新时代我国体育事业和教育事业发展的新思路、新战略，对于破解当前我国体育和教育发展中的一系列难题、实现体育和教育的高质量发展具有重要意义。体教融合是体育和教育两大部门在新时代背景下进行的整合创新，旨在充分发挥各自职能优势，实现资源共享、优势互补、优势叠加。体教融合不是“体育+教育”，而是通过创新理念、整合资源、创新路径和方式，在促进两大部门融合发展的同时，充分发挥两大部门的优势，推动两大部门在人才培养、后备人才队伍建设等方面的融合。体教融合不仅是对我国传统体育和教育发展中存在的问题的科学总结，更是对新时代我国体育事业、教育事业发展战略与路径的科学选择。

（二）体教融合是对我国体育和教育事业改革发展方向的深刻思考

新时代我国体育和教育事业的改革发展必须坚持正确的方向，这是一个关乎民族命运、国家前途和人类未来的重大战略问题。2018年，习近平总书记在全国教育大会上指出，“教育是民族振兴、社会进步的重要基石，是功在当代、利在千秋的德政工程”。这一重要论述明确了教育和体育两大

部门在社会事业中的功能定位和价值意义，指明了体育和教育事业改革发展的正确方向，是新时代我国体育和教育事业改革发展必须坚持的一条根本原则。只有坚定不移地坚持这条原则，才能保证我国体育和教育事业始终沿着正确的方向前进，才能确保体育和教育事业在中国特色社会主义建设中发挥应有的作用。

（三）体教融合是新时代我国学校体育和竞技体育发展的新思路

体教融合是新时代我国学校体育和竞技体育发展的新思路，既是学校体育改革和发展的核心问题，也是竞技体育改革和发展的核心问题。《意见》将体教融合的内涵拓展为学校体育改革与发展、竞技体育改革与发展，明确了融合发展的理念，提出了“以体促教，以教兴体”的总体思路，从思想理念融合、目标任务融合、保障机制融合、评价体系融合四个方面建立了体教融合的制度框架，为学校体育、竞技体育改革创新提供了政策依据和制度保障。《意见》提出，要从战略高度深刻认识推进体教融合的重大意义，树立大体育观，完善体制机制，强化部门协作，促进教育与体育深度融合。从推进我国学校体育、竞技体育改革创新和可持续发展的战略高度，把学校体育、竞技体育作为培养社会主义建设者和接班人的重要渠道和载体。

（四）体教融合是体育强国和教育强国建设的新途径

《意见》将体育和教育两大部门整合，将从两方面产生影响：一是在全国层面，体育和教育两大部门整合创新，有助于形成更加系统、协调、高效的人才培养机制，有利于我国竞技体育和学校体育水平的整体提升；二是在区域层面，体教融合有利于推动我国青少年文化学习和体育运动协调发展，在未来相当长的时间内，体教融合将成为我国教育事业改革创新的一个重要方向。对体育和教育两大部门的功能进行整合创新，有助于实现二者在资源、理念、方法上的相互融合，不仅有助于我国竞技体育和学校体育水平的整体提升，更能加快实现体育强国和教育强国建设目标。体教融合发展与教育改革创新相互促进、相得益彰，必将产生“1+1>2”的效果。

（五）体教融合是推动“三全育人”的新载体

2016年，习近平总书记在全国高校思想政治工作会议上提出，“要坚持把立德树人作为中心环节，把思想政治工作贯穿教育教学全过程，实现全程育人、全方位育人，努力开创我国高等教育事业发展新局面”。“三全育人”是指全员育人、全程育人、全方位育人的育人体系。体育既是“三全育人”的重要载体，也是推动“三全育人”的新载体。深化体教融合，推动“三全育人”新载体建设，既是体育和教育两大部门深化改革创新的重要内容，也是对我国“三全育人”理论和实践成果的科学总结，更是新时代全面推进“三全育人”体系建设的必然选择。《意见》首次明确了深化体教融合、推动“三全育人”的指导思想、基本原则和主要目标，对深化体教融合的重点任务、关键环节进行了全面部署，为推进我国体育事业和教育事业改革创新发展提供了强有力的政策支撑和理论指导。

（六）体教融合是提升我国学校体育质量和竞技体育水平的重要保障

《意见》对我国竞技体育的发展提出了新的更高要求，这既是对过去竞技体育取得成绩的肯定，也是对未来竞技体育发展方向和路径的明确。《意见》指出，要坚持竞技体育与教育系统紧密融合、相互促进，统筹学校体育发展，构建体教融合工作机制。《意见》指出，要加快构建“全科医生+乡村全科执业助理医师+基层公共卫生医师”健康服务体系；要加强体教融合，建立体校和中小学校双向兼职制度；要促进体校改革发展，探索在职业学校建立青少年体育俱乐部等模式；要规范体校办学行为，依法保障教练员待遇；要健全体教融合激励机制，鼓励和支持社会力量兴办高水平竞技体育训练中心；等等。

第三节　体教分离、体教融合、体教回归的中国逻辑

“体教结合”和“体教融合”的另一面是“体教分离”，那么为什么

会出现“体教分离”？有着怎样的演变过程？“体教分离”是对还是错？对在哪里？错在何处？又是出于怎样的目的开始推进“体教融合”？“体教融合”要达到怎样的目标？推进怎样的工作？“体教融合”是个过程还是个结果？这些都是当下体育界和学校体育界的学者需要深入讨论和研究的问题。为提出正确的“体教融合”策略，明晰“体教融合”的各项工作，本节本着这一研究目的对“体教分离”“体教结合”“体教融合”和“体回归教”的中国逻辑线索进行讨论。

一、体教分离形成的背景

（一）国家政策导向

国家政策导向对体教分离现象产生了重要的影响。中华人民共和国成立初期，社会主义建设是国家的中心任务。政府强调要培养社会主义事业所需的各类人才，将教育视为实现这一目标的重要手段。体育在这一时期主要被看作国家强健的象征，而非个体全面发展的一部分。面对国际形势的不确定性，国家将体育视为提高国民身体素质的手段。体育在政策上更加强调其军事需求的作用，而非作为全面素质培养的一个组成部分。为了集中力量进行社会主义建设，政府实行了五年计划，把重点放在了经济和基础设施建设上。在这个时期，体育的发展并不是政府重点关注的领域，相对来说，教育在五年计划中占据更为突出的地位。为了更好地推进社会主义建设和管理各项事务，政府在体育和教育领域分别设立了专门的管理机构，体育和教育分别由不同的政府部门负责，形成了独立的管理体制。这些政策导向使得在中华人民共和国成立初期，教育和体育在国家政策中的地位有所不同，导致体教分离现象的形成。虽然近年来体育在政策制定中的地位逐渐提升，但体教分离现象在一定程度上仍然存在。

（二）教育体制建设

我国教育体制建设经历了不同的阶段，特别是中华人民共和国成立初期至今。在中华人民共和国成立初期，我国对基础教育进行了全面改革。

20世纪80年代，实施了普及九年义务教育的政策，推动了全国范围内的基础教育发展。改革开放后，我国逐渐恢复并改进了基础教育体制。我国的高等教育体制建设也经历多次改革，20世纪初，高等教育的设立和发展受到一系列政治、社会和经济因素的制约。改革开放后，我国逐步扩大了高等教育的规模，设立了大量的高校，建设了更为完善的高等教育体制。随着社会需求的变化，我国不断调整学科体系，引入新的专业领域，以适应科技发展和经济结构的变化。为了更好地组织和管理教育事务，我国设立了一系列教育管理机构，包括教育部、省级教育厅等。这些机构负责教育政策的制定、教育资源的分配、教育改革的推进等工作。随着经济体制改革的推进，教育体制逐渐向社会开放，引入了多元化的教育主体，包括私立学校、外资办学等，提高了教育体制的灵活性和多样性。总体而言，我国的教育体制建设是一个不断发展的过程，涉及多个方面的政策、制度和管理的调整。这些改革旨在适应社会的发展需求，提高教育质量，培养更为全面发展的人才。

（三）社会主义思想体系

在中华人民共和国成立后，实行的体教分离政策与社会主义思想体系密切相关。社会主义思想注重人的全面发展，但在实践中更强调知识、思想和技术方面的培养，而较少强调体育。体育则被看作强健身体、增强军事力量的手段，而非个体全面素质发展的核心。总体而言，在社会主义思想体系下，我国在成立初期注重全面发展，但这一全面发展更加强调知识和思想方面的培养，体育的比重相对较轻。政治导向和军事需求使得体育更多地被纳入国家战略层面，而教育在政策层面上更为突出。这些因素共同作用，促成了体教分离的现象。

二、体教分离发展模式的历史功绩

体教分离体育发展模式在一定时期内为国家体育事业的发展贡献了一些历史功绩。这种模式主要指在教育和体育领域实行相对独立的管理和组织体制，各自由不同的政府部门负责。虽然这种模式也面临一些问题，但在指定时期取得了一些成就。

（一）瞩目的国际体育赛事成绩

中国在国际体育赛事上的成绩一直令人瞩目，以下是中国在一些主要国际体育赛事上的一些亮点：我国自1984年洛杉矶夏季奥运会以来，一直在夏季奥运会上表现出色。特别是在北京2008年奥运会中，中国以51枚金牌的成绩居金牌榜首位，成为继美国和苏联之后的第三个成绩最好的奥运会主办国。在2016年里约热内卢奥运会上，中国获得26枚金牌，总奖牌数位居第三。2021年举办的东京奥运会，我国体育代表团共获得38金32银18铜的成绩，共88枚奖牌，金牌数和总奖牌数位居第二。

我国在冬季奥运会上的表现也逐渐取得突破。在2010年温哥华冬奥会上，我国获得了5枚金牌，总奖牌数位居第七。在2018年平昌冬奥会上，获得了1枚金牌和6枚银牌，总奖牌数位居第十六。在北京2022年冬奥会上，我国共获得9枚金牌、4枚银牌、2枚铜牌，奖牌总数为15枚，金牌数排名第三，不管是金牌数还是奖牌总数，都创造了历史最佳战绩。同时，我国在各种体育项目的世界锦标赛和世界杯赛事方面表现也很出色。特别是在体操、跳水、射击、羽毛球等项目中，中国运动员经常获得世界冠军。这些成绩反映了我国在体育培训、科研、体育体制和管理等方面的取得的成效。体育在中国一直是国家形象的一个重要窗口，中国运动员在国际赛场上的优异表现为国家增光添彩。

（二）提升国家形象

我国在国际体育赛事上频频取得优异成绩，特别是在奥运会上的表现，给国人带来了强烈的国家荣誉感，这种荣誉感激发了国民对国家的自豪感和认同感，形成了团结一致的国家认同。体育在国际交往中是一种重要的软实力，我国在国际体育舞台上展示的实力和成就，提升了中国的国际声誉和地位，运动员的风采、团队协作、比赛精神等都成为向世界展示中国文化和价值观的媒介。我国在体育领域的成功，特别是在奥运会上的表现，赢得了国际社会的认同，这种认同改变了一些国家对中国旧有的刻板印象，增加了国际社会对中国的理解和尊重。体育也成为中国外交的一种重要手段。国际体育赛事提供了一个展示我国形象的舞台，为国家之间的友好交往提供了契机，我国政府也通过体育外交，加强与其他国家的交流与合作。同时，我国体育的成功也推动了中国文化的国际输出。体育成绩背后的故事、运动员的精神风貌，都成为向世界传递中国文化的载体，使更多国家和人民对中国文化产生兴趣。

总体而言，我国在国际体育赛事上的成功表现，对于国家形象的提升具有显著的积极作用。这不仅反映了中国体育事业的发展水平，也在全球范围内扩大了中国的文化的影响力。

（三）挖掘和培养体育人才

在我国的体育体制中，挖掘和培养体育人才是一项重要工作，以确保国家在国际体育舞台上具备竞争力。我国建立了较为完善的青少年体育培训系统，从儿童时期就开始对有潜质的运动员进行选拔和培养。在学校和社区等层面，积极开展体育特长班、体育学校等项目，旨在发现和培养年轻的体育人才。通过不同层次的比赛和选拔活动，优秀的运动员逐步进入国家队系统，国家队负责对这些运动员进行更为专业和系统的训练，以备战国际大赛。同时，我国的体育学院设立很多相关专业，培养体育产业的专业人才，包括教练员、体育管理人才、运动科学研究人员等，这些专业学科为整个体育体系提供了智力支持。另外，通过国际性的体育交流和合作，我国引进和培养国际水平的体育人才，这不仅有助于提高中国体育在国际上的竞争力和影响力，也促进了中外体育文化的交流。除了关注高水平运动员的培养，我国还注重培养基层教练员、体育科研人员等后备力量，这些人才在基层普及体育、挖掘潜力运动员等方面发挥着关键的作用。通过建立系统、科学的人才培养机制，中国在体育人才储备方面取得了一定的成绩，为国家在国际体育竞技中的优异表现提供了坚实的基础。

（四）提升体育科研和创新水平

为了提高运动员的训练效果和竞技水平，我国进行了大量的运动生理学和运动医学方面的研究。其中包括对运动员体能、身体素质、运动损伤的研究，以及运动训练对身体的生理影响等。同时，为了提高运动员的竞技水平，我国进行了大量的运动装备与技术方面的创新。这包括对运动器材的研究，以及在一些体育项目中引入先进的技术手段，如运动生物力学分析、运动数据分析等。另外，我国通过运用先进的科技手段和大数据分析，在训练中不断寻求创新手段，运动员的训练数据、生理参数等被广泛采集和分析，以优化训练方案、提高训练效果。我国体育产业的发展也受益于创新，从体育赛事的组织运营到体育用品的设计制造，都在不断进行创新，进而推动了体育产业的繁荣。基于此，我国设立了一系列体育科研机构和实验室，专注于体育领域的研究和创新，这些机构在推动体育科研和创新方面发挥了积极的作用。

三、体教分离历史价值与意义

体育是我国教育事业的重要组成部分，也是我国培养优秀运动员的主要手段。回顾我国的体育发展史，体教分离无疑是一个重大的里程碑，它为中国体育事业发展注入了新鲜的血液，为竞技体育走出“功利主义”的泥潭提供了重要保证。

体教分离是竞技体育和教育系统分开的简称，其含义是在竞技体育发展过程中，要想取得好成绩，必须有学校系统和教育系统的支持和保障，把竞技体育与教育分离开来，让学校系统来培养人才。这一举措不仅体现了社会发展规律对竞技体育发展的客观要求，也反映了人们对体育本质的认识。

（一）体教分离为中国竞技体育的发展提供了外部保障

体教分离这一概念最早由美国人提出，并且在世界范围内得到广泛认同。所谓体教分离，就是指竞技体育和教育系统分开工作，由社会力量举办，国家负责提供相应的经费保障。在实行体教分离以前，中国的竞技体育几乎处于一个独立的体系当中，通过学校系统培养的运动员为中国竞技体育做出的贡献较少。由于中国长期以来是一个主要依靠政策发展体育的国家，在早期，为增强国家实力和军事实力，对学校系统实行了行政推动的体育发展模式。这一模式不仅造成了竞技体育在学校系统中得不到应有的重视与发展，还造成了学校体育教育中存在严重的行政化现象。体教分离的提出，意味着中国竞技体育获得更大的自主权。

（二）体教分离成为竞技体育发展的动力

中华人民共和国成立之初，我国运动员的主要是从学校和部队中选拔。随着全国第一届至第五届运动会的举办，我国竞技体育逐渐走向市场化和社会化，运动员的培养不再单单依靠国家。当时，为培养优秀运动员，国家先后组建了国家体委体育训练局、中国体育代表团、中国人民解放军体工队等机构，作为我国运动员的主要培养单位。1954—1964年，我国先后组建了多个运动训练单位，这一时期被称为“第一次体教分离”时期。1963—1978年，我国组建了15个运动训练单位。从1961年开始，国家实行“双基”教育计划和“双基”教育检查制度，全国各地建立了以体育中学为主的业余体校。到1978年底，全国建立了约60所业余体校和近500个运动队。这些学校、运动队是我国运动员培养的主要来源。

（三）体教分离提高了运动员的综合素质

在体育方面，由于受到历史和现实的各种因素影响，我国的竞技体育水平与国外发达国家相比仍有很大差距。从发展趋势看，我国的竞技体育已由过去的粗放型发展阶段向集约型发展阶段转变，由过去单纯依靠市场运作和政府扶持并举转变。为了提高我国的竞技体育水平，在体教分离的大背景下，一方面，学校系统和社会各界对运动员进行了文化教育；另一方面，运动员也接受了比较系统、科学的训练。一方面，随着我国竞技体育事业的发展，运动员在文化学习方面受到了很大影响；另一方面，学校系统对运动员进行了科学训练，不断提高了运动员的综合素质，为我国竞技体育事业发展奠定了坚实基础。

（四）体教分离促进了竞技体育人才的社会化

竞技体育是以培养运动员为中心，它所需要的是有文化、懂技术、会管理的体育专业人才。体教分离后，原来的学校教育部门不能再直接参与竞技体育的活动，从而使运动员在接受竞技教育的过程中受到一定程度的影响，导致一部分学生在接受普通教育时不能兼顾竞技体育。这导致部分优秀人才走上社会后无法利用体育特长进行再教育，无法保证他们在取得好成绩的同时，能够更好地实现人生价值。在我国，有一些高水平运动员退役后选择继续深造，而由于我国现有的高等学校只为国家培养人才，不能为他们提供学习深造的机会，十分不利于运动员退役后的转业，所以这些高水平运动员选择继续深造是十分必要的。同时，这也使这些学生在提高自己文化素质的同时更好地实现人生价值。

（五）体教分离为学校培养优秀人才提供了条件

我国的现代体育的历史相对较短，还没有形成自己的特色。尽管我们现在在体育项目上有优势，但对项目的理解还不够深刻和全面，在培养优秀运动员方面还存在一些问题。体教分离为中国体育培养人才提供了条件，为学校培养优秀人才提供了保障，使中国竞技体育能健康、持续地发展。它有利于提高教练员的水平和运动员的文化素质，有利于提高学校教育的质量，有利于提高学生的综合素质。随着体教分离的实施，教练员队伍不断壮大。学校在运动员培养过程中担负着重要角色。比如，教练员要从学生入学第一天起就开始进行学习和训练，并根据学生的学习情况确定训练计划和教学进度；指导学生制定个人的学习目标和职业目标；组织学生参加各级各类比赛；还应根据实际情况及时调整训练计划。

（六）体教分离保证了竞技体育后备人才的发展

我国竞技体育发展到今天，已经有了很好的基础，但要想进一步提高竞技水平，就必须有更多的人才涌入。而竞技体育后备人才的培养是一个系统工程，不是某一个部门所能单独完成的任务。体教分离虽然在一定程度上给竞技体育后备人才的培养带来了成就，但它也是一把双刃剑。一方面，它给竞技体育后备人才的培养带来了一定的困难，使部分运动员在训练和比赛过程中出现了许多伤病，不能及时得到治疗而耽误了最佳治疗时间；另一方面，它又促进了竞技体育后备人才的培养，为中国竞技体育的发展注入了新鲜的血液。可以说，体教分离不仅保证了竞技体育后备人才的发展，也促进了我国竞技体育事业的健康稳定发展。

（七）体教分离有利于竞技体育改革的深化和发展

竞技体育的改革是一个不断深化的过程，其内容非常广泛，不仅包括运动项目和运动队伍的改革，还包括体育管理体制、运行机制、运动技术水平的提高等，这些内容都需要相应的理论来指导。而体教分离将竞技体育和教育系统分开，使两者形成了各自独立的运行机制，这会减少两者之间的干扰，提高各自的运行效率。在体教分离之后，体育部门能更多地将精力放在管理上，有利于我国竞技体育的进一步改革和发展。

四、体教分离的局限

（一）学训矛盾无法解决

学训矛盾指的是运动员在学校里的学习和训练之间存在矛盾。一方面，运动员在学校里学习文化课程时不能完全集中注意力，而体育训练的要求又很高，两者之间存在着一定的冲突；另一方面，在课余时间进行训练时运动员不能专心学习。学训矛盾现象既影响了运动员的学习和训练质量，也阻碍了运动员职业生涯的发展。自我国体育体制改革以来，体教分离一直是竞技体育人才培养的一大难题，特别是学训矛盾问题一直无法得到解决。虽然从1994年开始，我国开始尝试用体教结合模式来解决运动员的文化教育问题，但由于涉及体育院校、教育部门和社会三方，故始终没有得到妥善解决，因此学训矛盾仍然存在。

（二）不利于竞技体育后备人才培养

我国现行的竞技体育后备人才培养政策，实际上是将学生和运动员分开进行的，以学生为主体，以学校为主要基地，将体育系统的教育功能完全集中于学校。其结果，一方面，学校被定位为培养竞技体育人才的场所；另一方面，教育系统被定位为培养竞技体育人才的基地。虽然这两个部门都在履行着自己的职责，但由于二者之间是一种事实上的割裂状态，所以无法形成有效的合作关系。这种教育与训练分离的政策实际上是将运动员与学校分离开来。学校是培养竞技体育人才的基地，但它并不直接参与竞技体育后备人才的培养。而体育管理部门则是从事竞技体育后备人才培养工作的部门。由于学训矛盾无法解决，导致我国竞技体育后备人才培养体系出现了很多问题。

五、体教融合重要意义

（一）体教融合是加快推进我国教育现代化、建设体育强国的必然要求

体教融合是加快推进教育现代化、建设教育强国的必然要求，也是实现中华民族伟大复兴的必然要求。中国特色社会主义进入新时代，我国社会的主要矛盾已经转化为人民日益增长的美好生活需要和不平衡不充分的发展之间的矛盾。教育在促进人的全面发展、推动社会全面进步中发挥着更重要的作用，体育则是促进人的全面发展最重要、最基础、最普惠的手段。教育在促进人的全面发展中具有基础性地位和决定性作用，而体育作为教育的重要组成部分，只有将二者充分融合、相互促进，才能发挥它们的最大效应。推进体教融合改革，通过加强学校体育工作和校园文化建设，促进青少年文化学习和体育锻炼协调发展，培养德智体美劳全面发展的社会主义建设者和接班人，对于加快推进教育现代化、建设教育强国具有十分重要意义。

（二）体教融合是培养体育后备人才的有效途径

体教融合是一项系统工程，不仅需要各级政府、教育管理部门和体育管理部门的共同努力，更离不开全社会的共同参与。体育是教育的重要组成部分，学校体育是促进学生德智体美劳全面发展的重要途径。体教融合要坚持“健康第一”的指导思想，切实把学生的身心健康放在首位，促进青少年健康成长。通过体教融合，不仅可以为国家培养出更多优秀竞技体育人才，还可以通过体教融合扩大优秀运动员选拔渠道。同时，体教融合有利于青少年运动员文化素质和科学文化素养的提高，帮助他们形成良好的思想道德品

质、健全的人格、科学文化素养和健康向上的生活方式。同时，体教融合也可以为社会培养更多体育爱好者和从业者。

（三）体教融合是促进青少年身心健康成长的重要抓手

青少年体育工作是党的群众工作的重要组成部分，也是培养社会主义建设者和接班人的重要基础。近年来，国家不断出台相关文件，完善青少年体育工作管理体制机制，明确各级各类学校体育工作责任，健全“健康知识+基本运动技能+专项运动技能”的学校体育教学模式，大力加强青少年校园体育活动和竞赛。同时，持续推进青少年体育“三大球”普及工程，大力开展青少年校园足球和冰雪运动进校园活动，推动社会足球场地设施建设，加强体育院校和青少年体育俱乐部建设等。这些举措对于提高青少年体质健康水平、促进青少年全面发展、培养优秀体育后备人才具有重要作用。可以说，体教融合是新时代全面加强青少年体育工作的重要抓手。

六、“体回归教”的构想与策略

体育回归教育的策略是指在社会发展与人的发展的关系中，在对人的全面发展内涵理解的基础上，在现代社会发展进程中，深刻认识到体育在一定程度上对人的全面发展起着至关重要的作用。

（一）树立以人为本的教育观

在以人为本的教育思想指导下，现代体育教育必须建立全新的教学观念。在教学过程中，教师应坚持学生的主体地位，注重对学生创新精神和实践能力的培养，激发学生的学习兴趣，为学生营造一个良好的学习氛围。同时，教师要坚持以人为本的原则，遵循教育规律和学生身心发展规律，将教育和体育有机结合起来，通过开展丰富多彩的体育活动来提高学生的综合素质。例如，在田径教学过程中，教师应根据学生的实际情况和兴趣爱好组织学生参加趣味田径比赛；在篮球教学中，教师应根据不同学生不同的兴趣爱好组织篮球比赛；在田径教学中，教师应根据不同学生不同的兴趣爱好组织跑步比赛等。只有这样，才能使体育回归教育。

（二）构建科学的体育课程目标

体育课程目标是实现体育教育价值的重要途径。在构建科学的体育课程目标时，要对体育课程进行合理的定位，使体育课程设置的目标符合学生身心发展规律，且具有可行性。具体来说，要关注学生的个性发展、兴趣爱好，以及能力培养。此外，在制定目标时还要注意目标之间的关系，既要兼顾不同年龄段学生的发展需求，又要注重培养不同层次学生的学习兴趣；既要注重学生个体发展的需求，又要考虑到社会对人才培养的要求。只有这样，才能真正实现体育课程的育人功能和价值取向，从而为实现素质教育、培养德智体美劳全面发展人才提供保障。

（三）加强体育师资队伍建设

教师既是教学的主体，也是学生学习的引导者，因此，加强体育师资队伍建设是保证体育回归教育的关键环节。首先，要对教师进行专业培训。学校要为教师提供参加各种形式培训的机会，以提高教师的业务水平，使其掌握更多新的教学方法和手段。其次，加强体育教师业务能力训练。学校要注重对体育教师业务能力的提高，如定期组织体育教师参加各种培训班、研讨会等；对体育教师进行教学技能和理论知识等方面的培训；同时，学校也要为体育教师创造外出学习和交流的机会。最后，建立健全激励机制。学校可以采取物质奖励、精神奖励等形式充分调动体育教师工作积极性，增强体育教师教学的责任感和使命感，使其对教育事业产生强烈的责任感和使命感。

（四）构建以学生为中心的课堂教学

目前，我国的体育课堂教学大部分是以教师为中心的课堂教学模式，这在一定程度上忽视了学生主体地位，也制约了学生能力的发展。这就要求体育教师必须树立正确的教育观念，树立以学生为中心的课堂教学模式，并将其运用到教学实践中。

首先，要注重对学生主体地位的体现。教师要重视学生主体地位，从内心深处意识到学生才是学习的主体，要根据不同学生的不同情况制定不同的教学方案。其次，教师要注重对课堂教学形式的创新。在体育课堂教学中，应该积极地运用一些新技术、新方法等来活跃课堂氛围，充分调动学生参与课堂学习的积极性和主动性，充分体现出教师主导与学生主体作用。最后，应注重对师生关系的把握。体育教师必须树立正确的教育观念，充分认识到自己在整个课堂教学过程中应起到的作用和地位。要建立民主和谐、相互尊重、相互理解、相互信任、相互配合、共同发展的良好师生关系。

（五）加强对体育教学评价改革

体育教学评价改革的关键在于制定科学、合理的体育教学目标，使学生在体育学习中实现身心和谐发展，不断提升自我锻炼能力，以适应社会发展的需要。体育教学评价改革需要以促进学生身心健康为基础，对学生运动技能、身体素质、心理素质等进行全面评价。在对学生进行评价时，要以“健康第一”为指导思想，注重学生体育学习过程中的身体素质、心理素质和社会适应能力的评价；要以多元化、层次化为评价原则，使体育教学所设计的目标能够有效落实。此外，体育教学评价改革还需要以促进学生自我发展为宗旨，要将学习体育知识和技能的过程作为一种教育手段，让学生在学习中获得多方面的知识和技能。同时，还要对学生在体育学习过程中的行为表现进行评价，将学生的身体素质、心理素质和社会适应能力等纳入体育教学评价。

（六）完善课外体育活动

学校课外体育活动是学校体育工作的重要组成部分，也是学校体育教学工作的延伸和发展、实现体育教育回归的重要途径。随着素质教育的深入推进，我国越来越重视学生素质的全面发展。然而，在现实生活中，我们却发现了许多不和谐的现象。例如，中小学生体质下降、心理健康问题和运动伤害事故频发等。这些问题已经严重影响了学生的全面发展，影响了学生的身心健康和素质水平。为了保证学校课外体育活动的有效开展，使学生有更多机会参加体育活动，必须将课外体育活动纳入学校教学计划，加强校园体育文化建设，为其进行课外体育活动提供良好的环境和氛围。鼓励社会力量支持校园体育文化建设，提高家长对孩子参与课外体育活动重要性的认识。

第三章
我国已有体教融合模式实施的效果与困境分析

第一节 体教融合高质量发展的内涵、困境与方向

一、体教融合高质量发展的内涵解读

体教融合是指将体育教育与学科教育相结合，形成一种能全面发展学生身心的教育模式。体教融合的目标是培养学生的综合素质，提高学科学习的效果，促进学生身心健康发展。在推动体教融合的过程中，要注重高质量的发展，以确保教育目标的实现。

第一，体教融合要注重学科教育和体育教育的协同发展。学科教育和体育教育不是简单的并行关系，而应该是相互渗透、相互促进的关系。学校可以通过设置跨学科的体育课程，将体育元素融入学科知识的学习中，或者在学科教育中融入体育活动，以促使学生在学习中更好地提高身体素质。

第二，体教融合要注重培养学生的综合素质。综合素质不仅包括学科知识，还包括身体素质、团队协作能力、创新能力等方面内容。通过实施体教融合，学生可以在体育锻炼中培养团队协作和沟通能力，在学科学习中培养学生的创新思维和解决问题能力，从而实现学生全面素质的提升。

第三，体教融合要注重个性化教育。每个学生都有不同的兴趣、特长和发展潜力，体教融合应该根据学生的个性差异，制订相应的教育方案。通过设置多样化的体育课程和学科选修课程，满足学生个性发展的需求，使每个学生都能找到适合自己的发展路径。

第四，体教融合还要注重教师的专业发展和培训。教师是体教融合的关键推动力量，需要具备跨学科教学的能力，能够在体育和学科教育中灵活运用相应的教学方法，从而实现教育目标。学校应该为教师提供相关的培训和支持，确保他们能够胜任体教融合教育的任务。

综上所述，体教融合是一种有利于学生全面发展的教育模式，但在推动的过程中要注重质量。通过协同发展、培养综合素质、个性化教育和教师培训等方面的努力，体教融合可以更好地实现教育相关的目标，促进学生的身心健康发展。

二、新发展理念促进体教融合高质量发展的理论逻辑

在新时代的背景下，新发展理念被提出并成为指导我国经济、政治、文化等各领域发展的指南。在教育领域，体教融合作为一种全面发展学生身心的教育理念，逐渐引起了广泛关注。在新发展理念的引领下，如何更好地推动体教融合的高质量发展成为一个亟待解决的问题。新发展理念强调创新、协调、绿色、开放、共享的发展理念①，提倡经济建设、政治建设、文化建设、社会建设全面协调发展。这一理念为体教融合高质量发展提供了有力的理论支撑。

（一）创新发展是体教融合高质量发展的第一动力

随着社会的飞速发展和科技的不断进步，教育领域必须不断创新以适应时代的新需求。体教融合作为一种全面发展学生身心的教育模式，更需要在创新中不断发展壮大。体教融合追求学科教育和体育教育的有机结合，这要求我们在教育理念和价值观上进行不断创新。传统的教育模式可能更注重知识传授，而创新发展则需要构建更注重学生全面素质培养、个性发展和实践能力的新教育理念。在体教融合中，创新的教学方法和手段是推动高质量发展的核心。例如，通过引入新的科技工具、实践性的教学活动、项目化学习等方式，使学生在学科学习中获得更为丰富和深入的体验，从而提高学习效果。创新发展不仅仅是教育过程的要求，更是培养学生创新意识和实践

①勾玉铎．新发展理念下体教整合高质量发展研究［D］．武汉：武汉体育学院，2000.

能力的需要。体教融合可以通过体育锻炼和跨学科学习，培养学生的团队协作、创新思维、解决问题等综合素质，使他们具备更强的创新潜力。

（二）协调发展是体教融合高质量发展的内在要求

体教融合作为一种全面促进学生身心健康、培养学生综合素质的教育模式，其高质量发展不仅需要创新，更需要协调各方面的资源和要素。体教融合要求学科教育与体育教育相辅相成，形成一体化的教育体系。协调发展意味着不仅要强调学科知识的传授，还要将体育元素融入学科教育中，使学生在学习中能够获得更全面的发展。协调发展还要求教育系统能够平衡个体差异，实现个性化发展与整体教育的统一。每个学生都有不同的兴趣、特长和潜力，协调发展要求教育模式能够根据学生的个性差异进行灵活调整，确保每个学生都能够得到适合的教育。体教融合高质量发展需要充足的教育资源支持，而协调发展则强调这些资源的合理、有效配置。不仅要提供体育设施和器材，还要确保学科教育所需的资源得到充分利用。协调发展要求在有限的资源下实现效益的最大化，使体教融合成为一种可持续的教育发展模式。

（三）绿色发展是体教融合高质量发展的必备条件

在今天，绿色发展理念逐渐成为各领域的关键词，教育领域亦不例外。体教融合作为一种旨在促进学生全面发展的教育模式，与绿色发展理念不谋而合。绿色发展理念注重人与自然的和谐共生，而体教融合的核心目标之一是促进学生身心健康的全面发展。通过健康体育的实践，学生不仅能够锻炼身体，更能培养对自然环境的尊重和保护意识，这符合绿色发展理念对于人类与自然和谐共生的追求。绿色发展意味着要提供环保可持续的资源和设施，这就要求在体教融合中，学校的体育设施也需要符合绿色环保的标准，如运动场地的合理规划、运动器材选择环保材质等。这不仅有助于减少对环境的负担，也能够为学生提供更安全、更健康的锻炼环境。绿色发展要求人们更加关注自然环境，而体教融合中的生态体验将学科知识与实际生活相结合，使学生在感知自然的过程中更好地理解学科知识。这种深度融合既保证学科知识更具实践性，也培养了学生对生态环境的热爱和保护意识。

（四）开放发展是体教融合高质量发展的根本途径

随着社会的不断变革和教育的发展，体教融合作为一种全面促进学生身心健康、培养其综合素质的教育模式，迫切需要更加开放的发展理念。体教融合要求将学科教育和体育教育有机结合，而开放发展则意味着打破传统学科和教学模式的束缚，鼓励跨学科的融合。通过开放的思维方式，可以更好地实现不同学科和教学方法的整合，促进学科知识和体育活动的互动发展。开放发展意味着将外部资源引入体教融合的教学过程中，包括专业机构、行业专家、社区资源等。这样的开放方式可以为学生提供更广阔的学习视野和更多样的教学内容，丰富体教融合的内涵。开放发展要求将学生的学习与社会实践更紧密地结合起来，通过开放的实践途径，如参与社会服务、实地考察、社团活动等，学生能够更好地将学到的知识运用到实际生活中，培养解决实际问题的能力。

（五）共享发展是体教融合高质量发展的基本目标

在当今社会，教育领域的发展日新月异，这对体教融合的高质量发展提出了更高的要求，共享发展理念的提出为体教融合的进一步发展提供了有力支持。共享发展理念强调资源的均衡分配，而在体教融合中，教育资源不仅包括学科教育所需的教室、图书馆等，还包括体育所需的场馆、器材等资源。共享发展要求全体学生能够平等分享这些资源，确保每个学生都有平等的学习和锻炼机会。共享发展不仅仅是资源的均衡分配，还包括知识的共享。在体教融合中，学科知识与体育素养应该是相互促进、共同提升的。通过共享学科知识和体育素养，实现学生在综合素质上的全面发展。共享发展要求教育过程中师生之间形成积极的互动关系，能够共同参与教育活动的设计、组织和实施。在体教融合中，师生共建共享的教育环境有助于学生更主动地参与学科和体育学习，提高教育的实际效果。

三、体教融合高质量发展存在的困境

（一）体教融合的主体创新引领相对较弱

体教融合作为一种旨在全面促进学生身心健康发展的教育模式，以涵盖学科知识和体育锻炼的特性受到了社会各界的广泛关注。然而，在推动体教融合高质量发展的过程中，我们也面临着一系列的困境，其中之一便是体教融合的主体创新引领相对较弱。

1. 受传统教育观念的影响

传统教育观念对于教育体制的影响较为深远，很多教育者仍然囿于传统的学科分科理念，难以从根本上转变为能够全面理解和实施体教融合的教育模式。受传统观念的制约，部分教育者在推动体教融合时显得犹豫不决，故缺乏创新的动力。

2. 教育资源分配不均

在一些地区，教育资源分配不均衡也是制约体教融合创新的因素之一。相对贫困的地区的学校可能缺乏足够的体育设施和教学资源，因此难以积极开展体教融合的创新实践，这导致体教融合创新的主体在一定程度上受到了资源条件的限制。

3. 跨学科专业能力培养不足

体教融合要求教育者具备跨学科的知识和能力，能够将学科知识与体育活动有机融合在一起。然而，现实中对教育者缺乏足够的跨学科专业培养，导致一些教育者在实践中难以有效地将学科知识与体育教育结合，从而影响了体教融合的主体创新能力。

（二）体教融合的要素协调不到位

体教融合作为一种新兴的教育模式，旨在让学生在学科学习和体育锻炼中得到全面发展。然而，在实际推行过程中，我们却面临一个较为突出的问题，即体教融合的要素协调不到位。

1. 学科教育与体育之间的脱节

在一些学校中，学科教育和体育往往被独立对待，形成了学科教育与体育之间脱节的现象。学科教学和体育活动在计划和组织上存在分割，缺乏有效的沟通和整合，导致体教融合要素的协调不到位。

2. 教育管理层面的不协调

体教融合的推进需要学校管理层有着共同的目标和战略规划。然而，在部分学校中，教育管理层面之间的协调不足，导致体教融合相关政策的制定和实施存在片面性，缺乏整体性的规划，从而阻碍了体教融合的顺利推进。

3. 师资队伍的不足

推动体教融合需要具备跨学科知识的师资队伍，但目前一些学校的师资队伍仍然存在专业知识结构较单一的情况。这导致了师资队伍在推进体教融合时，可能会因为专业局限而难以有效整合学科教育和体育教育的要素。

（三）体教融合绿色发展理念的缺失

随着社会的不断进步，环境问题和可持续发展已经成为全球共同关注的焦点。在教育领域，体教融合作为一种强调全面培养学生身心健康的教育模式，应当积极响应绿色发展的理念。然而，实际推行中发现，体教融合的绿色发展理念存在一定缺失的情况。

1. 运动场地和设施的资源浪费

在一些体教融合的实践中，存在运动场地和设施的资源浪费现象。例如，学校可能过度使用草坪和体育馆，而未能采取有效的措施减少能源消耗，这与绿色发展理念中提倡资源的节约和可持续利用背道而驰。

2. 学科教材和学科活动中的环保意识薄弱

在学科教育中，对于环保意识的培养还相对薄弱。学科教材的编写和学科活动的设计未能充分运用环保元素，缺乏对可持续发展的关注。这使学生在学科学习中难以形成绿色发展的观念。

3. 缺乏环保意识的体育活动设计

一些体育活动的设计未能充分考虑环保意识。例如，过度强调设备的消耗、大量使用一次性器材等都与绿色发展背道而驰。这使体育活动未能真正成为环保素养培养的有效途径。

（四）体教融合的领域开放不彻底

体教融合的核心理念是通过将学科知识学习和体育活动有机结合，培养学生的全面素养。这就需要在学科教学和体育活动中扩大领域开放，使得学科和体育的界限更加模糊，促使学生在不同领域中进行跨界学习和体验。然而，实际操作中却发现领域开放并不彻底，影响了体教融合的进展。

1. 受传统学科分科观念的影响

在一些学校和教育机构中，传统的学科分科观念仍然根深蒂固。学科教学和体育活动往往被划分为两个独立的领域，教育者受传统观念影响，难以打破学科之间的壁垒，导致领域开放不够彻底。

2. 教育资源分配不均

一些学校面临着教育资源分配不均衡的问题，导致在体教融合中无法为其提供足够的支持。缺乏充足的体育场馆、器材和专业人才，使领域开放面临实际的困境，学生无法在学科和体育之间自由流动。

3. 受评价体系的限制

传统的评价体系往往偏重学科学习的成绩，而对于体育素养和跨学科能力的评价相对较弱。这使学生和教育者更加注重学科学习，而在体教融合中对领域开放的实践投入不够。

（五）体教融合的资源共享不充分

体教融合作为一种注重学科知识与体育活动有机融合的教育理念，旨在促进学生的全面发展。然而，在实际推行的过程中，不难发现资源共享存在一些问题。

1. 学科教育和体育的信息孤岛

在一些学校中，学科教育和体育活动仍然存在信息孤岛现象，学科老师和体育老师之间缺乏有效沟通与协作，导致教学资源不能充分共享。这种信息孤岛的存在使体教融合的资源整合难以顺利进行。

2. 学科教学和体育活动的独立管理

学科教学和体育活动在一些学校中由不同的管理团队独立负责。这种各自为政的管理方式导致了资源使用的分割，学科教室和体育场馆之间的资源共享机制缺乏有效的整合。这种独立管理的方式加剧了资源共享不足的问题。

3. 缺乏跨学科的资源整合机制

体教融合的实施需要学科知识与体育活动的深度融合，然而在一些学校中却缺乏跨学科的资源整合机制。学科资源和体育资源被分割成两个独立的领域，难以形成有机的合作关系，从而限制了资源共享的深度。

4. 教育资源分配不均

在一些地区，教育资源的分配不均也是体教融合资源共享不充足的原因之一。一些学校可能因为经济或者地理位置等，缺乏足够的教育资源，难以开展有效的体教融合实践，从而限制了资源的共享。

四、新发展理念指引下体教融合高质量发展的路径

（一）创新发展以提升体教融合的主体融合度

体育和教育是社会发展的重要驱动，二者的融合对于培养全面发展的学生、促进教育创新，以及推动体育事业的发展都具有重要意义。提升体教融合的主体融合度，意味着要在教育和体育领域创新发展，打破传统界限，以促进双方更深层次的协同合作。

1. 理念创新引领体教融合的发展方向

（1）创新教育理念

在体教融合的发展过程中，创新教育理念是提升主体融合度的首要任务。传统教育强调知识传授，而创新教育理念则更注重培养学生的创新能力、实践能力和团队协作能力。教育者应推崇跨学科的教学方式，将体育与学科知识相结合，以激发学生的学科兴趣和体育热情，使两者能够在学习中相互渗透、共同促进。

（2）创新体育理念

创新体育理念强调体育不仅仅是锻炼身体的手段，更是一种促进人全面发展的方式。通过创新的体育教学理念，可以更好地引导学生在体育活动中培养创新思维和团队协作精神。例如，引入项目制学习、创意体育活动等方式，让学生在运动中感受创新的魅力。

2. 课程创新打破学科与体育的壁垒

（1）跨学科融合课程设计

为提升体教融合的主体融合度，需要打破传统学科学习与体育之间的壁垒，进行跨学科的融合课程设计。例如，可以在体育活动中引入相关学科的知识，或者在学科教学中融入体育元素，这样的课程设计既能促进学生对学科知识的理解，又能使体育活动富有内涵。

（2）项目化学习

通过项目化学习，将学科知识与体育活动融为一体。学生可以在项目

中运用学科知识解决实际问题，同时通过体育活动提升团队协作能力。这样的创新课程设计有助于提升主体融合度，培养学生更全面的能力。

（3）科技的应用

教育科技的应用也是创新发展中的关键环节。借助虚拟现实、人工智能等技术手段，可以创造更丰富多彩的学科和体育融合体验。通过在线教学平台，学生可以在虚拟场景中进行跨学科学习和体育活动，促进主体融合程度的提升。

3. 管理创新构建有利于融合的机制

（1）跨部门协同机制

体教融合需要学科教育和体育之间的协同合作，因此需要建立跨部门协同的机制。学校可以设立跨学科的教育发展部门，负责统筹学科教育和体育的资源配置，推动双方更好的合作。此外，可以建立定期的交流与合作机制，促进教育和体育两个部门的深度互动。

（2）创新评价体系

传统的评价体系以学科知识为主，而创新发展需要更加全面的评价体系。因此建立创新的评价体系，既能考查学生对学科知识的掌握，又能评估体育素养、创新能力等方面，这有助于教育和体育主体更全面地了解学生的发展状况。

（3）创新激励机制

为了激励教育和体育主体更积极地投入体教融合中，可以建立创新激励机制。例如，通过设立奖学金、评选优秀项目、举办创新大赛等方式，鼓励教育者和体育工作者在融合发展中作出卓越贡献，推动主体融合度的不断提升。

4. 社会环境创新提供体教融合的外部支持

（1）创新政策支持

政府可以出台有利于发展体教融合的政策。例如，加大对体教融合实践的资金支持，提供更多的政策激励，鼓励学校和机构在体教融合方面进行尝试和创新。

（2）媒体宣传推广

借助媒体宣传推广，可以提升社会对体教融合的认知度，引导社会对这一理念的关注与支持。通过报道相关的成功案例、推动相关活动，在社会上形成正向氛围，为体教融合的创新发展提供更多的外部支持。

（3）鼓励社会组织与企业参与

社会组织和企业作为社会的重要成员，也应当积极参与到体教融合的发展中。例如，通过与学校、教育机构的合作，共同推动体教融合的实践发展。企业可以提供相关资源支持，社会组织可以组织相关活动，促进体教融合更好发展。

创新发展是提升体教融合主体融合度的关键路径。通过理念创新、课程创新、管理创新以及社会环境创新，可以有效打破学科教育和体育之间的壁垒，促使学科教育和体育主体更好地融合在一起。这不仅有利于学生的全面发展，也将推动学科教育与体育事业的共同进步，为社会的可持续发展贡献力量。在创新的征程中，体教融合将成为学科教育和体育领域的一大亮点，为培养具有创新精神的新一代人才注入强大动力。

（二）协调发展以强化体教融合的要素资源协同

体教融合是一种注重将学科教育和体育活动相融合的教育模式，旨在全面发展学生的素养。然而，要实现体教融合的目标，需要协调发展，强化不同要素资源之间的协同作用。协调发展的核心在于整合学科和体育资源，使两者相辅相成、相互促进。学科资源提供了丰富的专业知识和学科技能，而体育资源则为学生提供了锻炼身体、培养团队协作等方面的机会。协调发展旨在打破学科教育和体育之间的界限，使其能够在教学和实践中实现有机融合。协调发展要求提升学科教育和体育之间的互动性，使学生在学科学习和体育活动中形成有机联系。例如，在学科教学中引入相关的体育案例，或者在体育活动中融入相关的学科知识，实现两者之间的互补和互动。这样的互动性有助于激发学生的学习兴趣、提高综合素养。协调发展还需要构建跨学科合作的机制，促使学科教育和体育的教育者形成良好的合作。跨学科的合作可以丰富教学内容，扩大学科和体育的应用领域，形成更具创新性和实践性的教学方式。此外，跨学科合作也有助于弥补不同领域专业知识的短板，提升整体教学水平。

1. 教育者的协同培训

为了强化体教融合的要素资源协同，首先需要对教育者进行协同培训。负责学科教育和体育教育的教育者可以参与联合培训，了解彼此的教学理念和方法，形成协调一致的教育观念。通过协同培训，可以提高教育者的跨学科素养，使其能够更好地在教学中融合体育元素。

2. 整合课程资源

协同发展要求学科课程和体育课程资源整合起来。学校可以制订相应的课程资源的计划，将体育元素融入学科课程中，或者在体育课程中引入相关学科知识。通过课程资源的整合，学生可以更全面地学习知识，形成良好的学科教育与体育的互动。

3. 设施资源共享

体教融合需要相应的设施支持，协同发展要求学科教育和体育之间的设施实现资源共享。学校可以优化对设施资源的规划，建设多功能的学科实验室、体育馆等设施，使其能够满足学科和体育的多样化需求。设施资源共享有助于提高资源利用效率，也能创造更好的学习环境。

4. 跨学科研究项目

促进体教融合的要素资源协同，可以通过跨学科研究来实现。学科教育专家和体育专家可以共同参与研究项目，开展与体教融合相关的研究工作。专家们通过项目研究，可以深入挖掘学科教育与体育之间的交叉点，为体教融合提供更科学的理论基础。

5. 制定资源共享机制

为了强化要素资源协同，学校和相关机构可以制定明确的资源共享机制。建立资源共享的平台，确保学科和体育之间信息畅通，资源得以充分共享，包括人员的协同、设施的协同、经费的协同等多方面的资源整合。

（三）绿色发展以优化体教融合的育人生态环境

绿色发展理念倡导在经济社会发展中实现人与自然的和谐共生。在体育和教育领域，绿色发展不仅要求关注学科知识和体育活动的发展，更注重创造一个健康、宜人的育人环境。本节将探讨绿色发展如何优化体教融合的育人环境，推动学生的全面发展，实现教育的可持续发展。

1. 构建健康的体育活动环境

（1）提倡绿色体育场馆建设

在体教融合的过程中，体育场馆作为学生进行体育活动的场所至关重要。绿色发展倡导采用环保材料、节能技术，以及建设绿色可持续的体育场馆。这不仅有助于减少能耗和环境污染，还可以为学生提供更安全、舒适的运动场地，为其创造良好的体育锻炼环境。

（2）促进户外体育活动

鼓励学生参与户外体育活动是绿色发展的一项重要举措。户外活动不仅能够锻炼身体，还能让学生亲近自然，感受大自然的美好。学校可以组织登山、徒步、露营等活动，使学生在体育锻炼中培养对自然的热爱和保护意识。

（3）打造环保的运动器材

绿色发展要求运动器材的制造和使用符合环保标准。学校在选择体育器材时，应优先选择符合环保、可回收利用的材料，并倡导学生爱护器材，减少浪费。这有助于培养学生的环保意识，推动绿色体育的实践。

2. 促进跨学科的绿色教育

（1）引入生态科学知识

体教融合的关键之一是在学科教育中融入体育元素。在绿色发展的框架下，可以引入生态科学知识，使学生更好地理解自然环境与人类活动的关系。例如，在地理课程中可以讲解环境问题，而在体育课程中开展相关的环保活动，如植树、垃圾分类等。

（2）丰富绿色主题的校园文化活动

学校可以组织丰富多彩的以绿色发展为主题的校园文化活动，将体育与环保相结合。例如，可以开展绿色运动节、绿色文化艺术展等活动，通过艺术表达、体育比赛等方式，激发学生对绿色发展的兴趣，同时培养他们的环保责任感。

（3）开展跨学科绿色项目

推动绿色发展需要各学科的协同合作。学校可以组织跨学科的绿色项目，如“校园绿化与健康生活”“体育与环保创新设计”等。通过项目式学习，学生在实践中运用体育和生态学科知识，全面培养素养。

3. 倡导绿色的教育理念

（1）强调可持续发展教育

绿色发展的核心理念是可持续发展，故体教融合的育人生态环境也应强调这一理念。学校要倡导可持续发展的教育理念，培养学生在体育和学科学习中具备持之以恒、注重长远发展的思维方式。

（2）培养环保意识

体教融合所说的生态环境不仅仅是一个客观存在的场地，更是一种育人理念。学校应积极培养学生的环保意识，引导他们养成良好的环保习惯。通过课堂教学、校园宣传等方式，学生认识到自身行为与环境的关系，从小培养他们爱护自然的观念。

（3）鼓励创新的绿色实践

为了培养学生的创新能力，学校可以鼓励和支持学生开展绿色实践活动。例如，组织学生参与绿色创意设计比赛、绿色运动发明大赛等，通过实际项目锻炼学生的创新能力，使学生在体教融合的育人生态环境中不断成长。

（四）开放发展以深化体教融合的社会化程度

开放发展理念强调合作、共享与共赢，适用于教育和体育领域。在体教融合的实践中，开放发展可以深化其社会化程度，促进学校、社会资源和个体力量的融合，共同推动教育和体育事业的共同进步。

1. 搭建开放的学校体育资源平台

（1）建设开放的体育设施

开放发展要求学校建设开放的体育设施，给社会提供更多的体育资源。学校体育场馆、操场等设施可以向社会开放，接纳周边社区居民、其他学校和相关组织，以此实现资源的互通互享。这样的开放举措既能促进体育资源的充分利用，也可以增强学校与社区的联系。

（2）推动开放的体育赛事

学校可以积极参与社会体育赛事，并将自己的内部体育赛事向社会开放。通过举办开放性的体育赛事，吸引更多社会力量的共同参与，提高社区对学生体育的参与度。同时，学校也可以借助社会体育赛事的平台，深化与社会的交流合作，推动体育的社会化发展。

（3）搭建开放的在线体育学习平台

在数字化时代，开放发展还包括搭建开放的在线体育学习平台。学校可以通过建设在线课程、体育教学资源库等，向社会开放体育教育资源。这样不仅能够服务更广泛的学生群体，还能促进教育资源的共享，提高社会对体育教育的认知度和参与度。

2. 促进体教融合的社区合作

（1）建立学校与社区的协同合作机制

为了提高体教融合的社会化程度，学校应与社区建立更加紧密的协同合作机制。通过建设学校与社区的联合体育项目、共建体育社团等形式，促进学校和社区之间的资源共享，实现双方优势的互补。

（2）丰富社区体育服务项目

学校可以主动拓宽体育服务项目，为社区提供更多元化、贴近居民需求的服务，包括举办免费体育培训班、组织社区体育赛事、开展健康体检等。通过积极参与社区体育服务，学校将更好地融入社区生活，以提高体教融合的社会认可度。

（3）开展社区体育健康调查

学校可以组织社区体育健康调查，了解社区居民的体育活动需求和健康状况。通过调查结果，学校可以更有针对性地制订体育活动计划，以满足社区居民的实际需求，促进社区居民对学校体育活动的积极参与。

3. 发挥社会组织与企业的积极作用

（1）吸引社会组织参与体育项目

社会组织在体教融合中发挥重要的作用，学校应吸引社会组织的参与。例如，与环保组织、公益机构等建立合作关系，共同推动体教融合项目的开展。社会组织的参与不仅能够为项目提供更多的资源支持，还可以扩大项目的社会影响力。

（2）吸引企业赞助和支持

学校可以积极寻求企业的赞助和支持，以推动体教融合项目的发展。企业可以通过提供资金、器材、培训资源等方式参与体育项目，实现资源的共享和互利共赢。同时，学校也可以与企业合作举办体育赛事和体育活动，共同推动体教融合事业的发展。

（3）创新体育赞助模式

为了更好地提高体教融合的社会化程度，学校可以创新体育项目的赞助模式。除了传统的赞助广告，还可以引入社会赞助，使企业在支持体育项目的同时，参与社会公益事业，提升社会形象。这种形式的赞助既有助于学校体育事业的发展，也有助于企业的品牌建设。

4. 倡导开放性的教育理念

（1）强调跨学科的开放性教学

在体教融合中，开放发展强调跨学科的开放性教学。学校可以组织跨学科的合作团队，将学科知识和体育元素有机结合。通过开放性的教学，促进不同学科知识和体育之间的深度融合，培养学生的全面素养。

（2）倡导学生自主选择和开放性发展

学校应倡导开放性的教育理念，鼓励学生在体育和学科学习中进行自主选择和发展。学校通过提供多样的选修课程、体育项目，激发学生的兴趣和潜能，使其在开放性的环境中更好地发展自己的特长。

（3）搭建学校与社会的沟通桥梁

学校要成为提高体教融合社会化程度的推动者，这就需要建立良好的学校与社会的沟通桥梁。例如，建立定期的座谈会、交流活动等机制，使学校能够充分听取社会的声音和建议，更好地适应社会的需求，实现体育教育的开放性发展。

（五）共享发展以提高体教融合的资源共享水平

共享发展是推动社会进步的动力之一，也是促使不同领域实现协同发展的重要理念。在体教融合的实践中，共享发展可以推动学科教育和体育领域资源的充分利用，提高体教融合的资源共享水平。

1. 搭建共享的学科和体育资源平台

（1）整合学科教育和体育资源

共享发展的核心在于整合资源，将学科教育和体育领域的资源有机结合。学校可以搭建一个共享的学科和体育资源平台，将学科知识和体育活动有机整合在一起。这样的平台可以为学生提供更为全面的学习体验，促进知识与实践的深度结合。

（2）构建跨学科合作机制

共享发展需要打破学科之间的界限，构建起跨学科的合作机制。学科教育和体育教育的教育者可以参与联合培训，形成团队。跨学科合作有助于丰富教学内容，促进学科教育和体育的深度融合，为资源的共享提供更大的空间。

（3）创新在线学科与体育课程

共享发展可以通过创新在线学科与体育课程，实现教学资源的线上共享。学校可以建设在线教育平台，将学科和体育课程以数字化形式呈现，供学生随时随地学习。这不仅加强了教学资源的灵活利用，还能促进学科教育和体育教育的深度交流。

2. 促进学科和体育资源的社区合作

（1）建设学科教育和体育资源共享社区

为了促进学科教育和体育资源的社区合作，学校可以建设一个学科教育和体育资源共享社区。这个社区可以包括学科教育者、体育教育者、学生家长等各方利益相关者。通过社区合作，学校可以更好地了解各方需求并形成共识，推动资源配置更加公平和充分的共享。

（2）推动学科和体育赛事的社区参与

学校可以积极推动学科教育和体育赛事的社区参与。邀请社区居民作为观众、志愿者、选手，使体育赛事成为学科教育与社区共享的平台。这不仅能够增强社区的凝聚力，还能促进学科教育和体育资源的更多元化共享。

（3）设立学科教育与体育资源共享项目

为了深化学科教育和体育资源的社区合作，学校可以设立学科教育与体育资源共享项目。这些项目涵盖学科课程、体育培训、社区活动等多个方面，通过项目的形式使学科和体育资源更加有针对性地服务于社区，从而推动资源的更广泛共享。

3. 发挥社会组织与企业的积极作用

（1）吸引社会组织参与体育项目

社会组织在资源共享中具有独特的优势，学校可以积极吸引社会组织参与体育项目。例如，可以与公益机构、社区组织等建立合作关系，共同推动学科和体育资源的服务扩展到社会层面。社会组织的参与不仅能够为项目提供更多的资源支持，还能够促进社区居民更深度地参与体育活动。

（2）引入企业赞助和支持

学校可以通过与企业开展合作，获得企业的赞助和支持，促进学科和体育资源的共享。企业可以通过提供资金、设备、技术支持等方式参与体育项目，实现资源的共享和互利共赢。这种形式的合作既能够满足学校体育事业发展的需求，也能够为企业树立良好的社会形象。

（3）创新资源共享模式

为了更好地发挥社会组织和企业在资源共享中的积极作用，学校可以创新资源共享模式。例如，可以尝试建立基金会、合作联盟等机制，形成学科教育和体育资源共享的生态系统；通过共建共享的平台，实现不同领域资源的高效整合和共享。

4. 倡导共享的教育理念

（1）强调学科教育和体育的互补性

共享的教育理念应强调学科教育和体育的互补性，认识到学科知识和体育活动相辅相成，能共同促进学生的全面发展。学校要倡导学科教育与体育之间的互相支持，形成资源共享的有机体系。

（2）鼓励学生在学科教育和体育中自主选择

为了推动资源共享的深化，学校应鼓励学生在学科教育和体育领域中进行自主选择。通过提供多样的学科课程和体育项目，让学生根据兴趣和潜能进行个性化学习，有效促进学生个体化发展的同时促使资源更为灵活和广泛的共享。

（3）开展跨学科的教育实践

共享的教育理念还应推动跨学科的教育实践。学科教育和体育的跨界融合可以通过组织跨学科的课程、项目等方式实现。通过共同设计的活动，学科教育和体育资源可以更好地结合，促使资源深度共享。

第二节　体教融合中体校人才培养模式的困境与对策

一、我国体校人才培养模式及其作用

我国体校人才培养模式作为一种体育人才培养的重要机制，在推动我国体育事业发展、提高我国体育竞技水平、培养优秀运动员等方面发挥着关键作用。我国体校人才培养模式是在全面深化改革的大背景下不断创新的产物，它不仅关注运动员的专业技能，更注重对运动员德、智、体、美、劳全面素质的培养。通过体校人才培养模式，我国培养了大量优秀的体育人才，为国家体育事业的崛起和在国际体育舞台上的辉煌表现奠定了坚实基础。体

校人才培养模式的建设和发展是我国体育事业蓬勃发展的重要支撑，其在运动员选拔、培养体系、训练管理等方面的创新，为我国体育产业和竞技体育的发展注入了新的活力。

（一）我国体校人才培养模式

人才培养模式是指通过一系列的教育和培训活动，系统地培养和培训具有特定专业知识和技能，具备一定素质和能力，能够适应特定社会需求的人才的一种体系化、科学化的安排和设计。

1. 我国体校人才培养模式的发展过程

我国体校人才培养模式的发展过程可以分为多个阶段，随着时代的变迁和体育事业的发展，我国体校人才培养模式也不断创新和完善。

（1）早期阶段（20世纪50—70年代）

在中华人民共和国成立初期，由于我国体育事业起步较晚，体育设施和专业教练队伍也相对薄弱。此时，我国体校人才培养模式以少数专业体育院校为主，主要培养在全国体育比赛中脱颖而出的优秀运动员，培养过程主要注重对运动员基础体能训练和传统体育项目技能的提升。这一时期的体校人才培养主要服务于竞技国家体育，强调运动员的成绩表现。

（2）拓展阶段（20世纪80—90年代）

改革开放以后，我国体育事业取得显著进步，体育设施、人才队伍逐步完善。体校人才培养开始拓展到更多领域，包括体育管理、教练员培养等。在运动员培养方面，除了传统项目，也开始涉足一些新兴项目，培养更多元化的运动员。这一时期的体校人才培养模式更注重运动员的全面素质，不仅强调他们的竞技水平，也关注他们的心理素质和社会适应能力。

（3）综合发展阶段（21世纪初至今）

随着我国社会经济的不断发展和人民生活水平的提高，体育事业也进入了综合发展的新阶段。在体育人才培养方面，体校逐渐从重点培养运动员的机构转变为综合性的体育教育机构。除了培养运动员，体校也开始注重体育教育的多层次发展，包括对体育教练员、管理人员、体育科研人员等多个领域的人才培养。

在这一时期，体校人才培养模式的创新主要体现在以下几个方面：一是多层次培养。体校还形成了多层次的人才培养模式，包括基础教育、中等职业教育、高等教育等多个层次。这有利于不同层次的学生根据自身兴趣和能力进行选择，并实现更全面的人才培养策略。二是对体育人才综合素质的培养。除了专业技能培养，体校还开始注重对学生的综合素质培养，包括体育伦理、领导力、团队协作等方面的培养。这有助于培养更全面、更有社会责任感的体育人才。三是开展国际化合作。部分体校开始与国际体育机构合作，引入国际先进的体育培养理念和管理模式，促进我国体育事业与国际接轨。四是强化科技支撑。引入现代科技手段，借助先进的训练设备和科技手段，提高运动员的训练效果，加强对运动员的科学管理。

总体而言，我国体校人才培养模式的发展经历了从单一到多元，从重点培养运动员到多层次综合培养的转变。当前，我国体校人才培养模式正朝着更为综合、科学、国际化的方向发展，为我国体育事业的长远发展奠定了更加坚实的基础。

2. 我国体校人才的培养模式

我国体校人才的培养模式是体育人才培养的一种特殊模式，其主要集中在全日制的专业体育学校，以培养各类运动员为主，同时也包括教练员、体育管理人员等多个方面的人才培养。体校人才培养模式在我国体育体制内占有重要地位，是提高我国体育竞技水平、培养优秀运动员和体育专业人才的重要途径。

（1）专业化培养

体校主要致力于运动员的专业化培养，学生主要是通过专业体育训练、竞技比赛等方式，系统地提升其在特定体育项目上的技能和水平。体校在各类传统体育项目如田径、游泳、体操，以及奥运会项目方面都有着专业的培训计划，以培养更多具有潜力的运动员。

（2）体育和学科教育并重

虽然体校教育的主要目标是培养运动员，但在培养过程中，体育和学科教育并重。体校在学科教育上也有一定的布局，包括体育理论、心理学、训练方法学等相关课程，这有助于培养学生的理论素养，提高其对体育事业的全面认知。

（3）高强度体育训练

体校学生进行的体育训练通常是高强度、系统化的，培养过程中注重对学生身体素质的培养，通过科学的训练计划、技术指导、生理保健等手段，使学生在专业体育项目上达到最佳水平。

（4）专业教练员队伍

体校通常拥有一支专业的教练员队伍，这些教练员大多具备高水平的专业背景和丰富的比赛经验。他们不仅负责学生的专业训练，还在心理辅导、生活管理等方面为学生提供指导。

（5）全日制培养

体校一般是全日制的专业体育学校，学生在这里接受全方位的体育培养。学生不仅在课堂上学习文化知识，还会在专业训练场上投入大量时间。这种全日制培养模式有助于更好地整合体育训练和学科教育。

（6）选拔和升学机制

体校有相对成熟的选拔机制，有潜力的学生通常在少年儿童时期就会被选拔进入体校。同时，体校也为学生提供了进入高等学府深造的机会，通过进入高校学习，使学生在结束运动生涯后能够顺利转型。

总体而言，我国体校人才培养模式是一种集中力量培养优秀运动员和专业人才的特殊模式。在持续不断的改革创新中，体校人才培养模式也在逐步发展和完善，更加注重学生的全面素质培养，以适应体育事业和社会的发展需求。

（二）我国体校在体育人才培养中的作用

我国体校作为体育人才培养的重要场所，在我国体育事业的发展历程中起着不可替代的作用。通过专业化的培训和全面素质的塑造，体校为我国培养了大量优秀的运动员和专业体育人才，为我国在国际体育舞台上大放异彩提供了强有力的支持。

1. 是提升我国体育竞技水平的重要渠道

（1）专业化培养体育竞技人才

体校是培养体育竞技人才的专业机构，通过系统的训练计划、科学的体能训练、高水平的教练员队伍，培养出一大批在国内外赛场上取得了显著成绩的运动员。这批运动员的大放异彩为我国提升体育竞技水平、赢得国际荣誉提供了强大的后备力量。

（2）选拔和集训优秀运动员

体校通常会在全国范围内进行广泛的人才选拔工作，通过对青少年运动员的选拔和集训，挖掘和培养出一批极具天赋和潜力的优秀运动员。依靠这种体系化的选拔和集训机制，为我国培养出一流的运动员队伍奠定了基础。

2. 是培养专业体育人才的重要阵地

（1）教练员培训基地

体校不仅是培养运动员的场所，还是培养专业教练员的主要场所。通过系统理论地学习和实践操作，培养出一大批在各级体育队伍中具有丰富经验和高水平指导能力的专业教练员，这为提高我国各级体育队伍的竞技水平提供了强有力的支持。

（2）体育管理人才的摇篮

体校也是培养体育事业管理人才的摇篮。通过对学生进行管理学、体育法规等方面的专业培训，培养出了一大批在体育组织和管理方面有着专业素养的人才，为我国体育事业的发展提供了有力的组织和管理支持。

3. 推动我国体育事业的全面发展

（1）多层次、全方位的人才培养模式

体校不仅注重运动员的培养，还在学科教育上做了很多工作。通过丰富的学科课程，培养学生的理论素养，使他们既具备专业技能，又有着全面的知识体系。

（2）社会体育发展的推动者

体校不仅服务于专业体育领域，还在社会体育事业的发展方面发挥着积极作用。通过举办各类体育活动、开展群众性体育培训，体校在推动全民健身和普及体育知识方面起到了积极的引领作用。

4. 是促进国际交流与合作的窗口

（1）积极参与国际化竞技比赛

体校培养的运动员积极参与国际比赛，促进了我国与其他国家在体育领域的交流与合作。通过各类国际化的竞技活动，我国运动员不仅能够展示我国的体育实力，还能学习和借鉴国际先进的训练理念和技术手段。

（2）与国际体育机构的合作

一些体校积极与国际体育机构开展合作，通过引进国际先进的培训模式和教学资源，不断提高我国体校的教育水平，同时促进与国际体育人才的交流和互通。

5. 社会影响力的提升

（1）对体育明星的培养

通过培养在各类比赛中获得优异成绩的运动员，体校为我国培养了一大批体育明星，这些体育明星的成功经历不仅提升了体校的知名度，也激励了更多的青少年投身体育事业。

（2）培养体育文化的传承者

体校通过对体育文化的传授，培养了一批热爱体育的体育事业贡献者，他们将成为我国体育文化的传承者和推动者，为国家树立良好形象。

总体而言，我国的体校在体育人才培养方面发挥着不可替代的作用。通过提升运动员竞技水平、培养专业人才、推动体育事业发展、促进国际交流等多方面的努力，体校为我国体育事业的蓬勃发展和国家形象的提升作出了积极贡献。在未来，随着体育事业的不断深化和体制机制的进一步完善，体校将继续发挥重要的作用，为培养更多更优秀的体育人才而努力奋斗。

二、体校人才培养模式实施的现实困境与社会需求

顾拜旦在《奥林匹克宣言》①中强调竞技体育不但能够促进青少年身心的协调发展，还能因竞技体育盛会让世界和平。在新时代，社会对体育人才的需求不仅仅停留在竞技水平的提高方面，更加注重全面素质的培养，涵盖了体育产业、体育科研、体育管理等多个领域。我国体校人才培养模式在长期的实践中取得了一定成就，为培养优秀运动员和体育专业人才提供了重要的平台。然而，体校人才培养模式在实施中仍然面临着一系列问题。

（一）体校人才培养模式实施的现实困境

1. 多元化融合的利益困境体教融合

体育和教育是社会发展的重要引擎，两者的有效融合被认为是培养更全面的新一代的有效途径。然而，在推进“体教融合”的过程中，存在着各方利益的冲突和困境。一是学科划分与资源优先的矛盾。在传统的教育体制中，学科划分是一个重要的组织原则。然而，推动体教融合要求打破了学科之间的界限，使得体育和教育能够更加有机地结合，从而导致了学科资源的优先分配存在问题。一些传统的看重学科知识的学者可能对体教融合抱有保守态度，认为将资源用于体育教育会在一定程度上限制传统学科的发展，产生学科资源分配的困境。二是升学与全面素质的选择压力。当前社会，学生的升学压力较大，很大一部分家长仍然以学科成绩作为对学生的唯一评价标准。在这种情况下，学生和家长可能更倾向于在学科学习上投入更多的时间和精力，从而导致学生对体育活动的参与相对较少。三是教育体制与综合素质评价的冲突。当前的教育体制以学科考试为主要评价对象，而体教融合强调学生在多个领域的全面发展。这导致了综合素质评价体系的相对滞后。学校、教师和家长更容易用学科成绩来衡量学生的优劣，而对于体育活动方面的评价可能相对模糊，这就在教育体制和全面素质评价之间形成了一种冲

①顾拜旦.《奥林匹克宣言》（摘录）[EB/OL].（2020-05-26）[2021-03-21]. http://www.360doc.com/content/13/0503/06/12146969_282576536.shtml.

突。四是师资队伍与跨学科教育的不匹配。推进体教融合需要拥有既懂体育又懂教育的师资队伍。然而，目前的师资队伍普遍存在学科专业性强、跨学科教育经验不足的问题。这使教师在体教融合中的角色不够明确，师资队伍的不匹配可能成为阻碍体教融合实施的一大瓶颈。五是家庭观念与综合素质培养的落差。家庭教育中对于学生的教育观念直接影响其发展方向。在一些传统的家庭观念中，常常重视学科成绩、升学率而忽视了综合素质的培养，这与体教融合追求全面素质发展的理念相冲突。学生可能在家庭期望与学校要求之间感到矛盾，对全面素质的培养存在认知上的阻碍。六是体制机制与长远发展的短视问题。在推进体教融合的过程中，一些地区和学校可能因为短期的利益，更愿意维持传统的偏重学科教育模式，而忽视了长远发展的需求。这种短视问题可能使得体教融合无法真正融入教育体制，阻碍了全面素质教育的可持续发展。七是资源分配与发展不均衡。体教融合需要投入更多的资源，包括场馆设施、体育器材、师资培训等。然而，一些地区的资源分配存在不均衡的问题，导致一些学校在推进体教融合时面临较大的阻力。这使得体教融合的发展在不同地区之间存在着较大的差异。体教融合作为一种有望培养更全面、多元化素质的教育模式，尽管在实践中取得了一些进展，但其推进过程中的困境也是不可忽视的。为解决这些困境，需要各方共同努力，包括深化教育改革、调整评价体系、优化师资队伍、加强家庭教育引导、推动全社会对体教融合的认知和支持。

2. 体教一体化推进的文化教育困境

体教一体化是近年来教育领域的一项重要探索，旨在将体育与文化教育相融合，实现学生在体育和文化学习两个领域的全面发展，然而，推进体教一体化也面临一系列的困境。一是知识体系融合不易。在体教一体化的推进过程中，要实现文化教育与体育知识体系的融合并非易事。传统的文化教育和体育教育分别有着相对独立的知识结构和教学模式，因此将二者进行有效融合需要深度的跨学科合作。然而，由于相关领域的专业性和体制问题，知识体系的整合存在一定的难度，可能导致教学内容的碎片化和学科之间的割裂。二是教育资源分配不均。推动体教一体化需要充足的教育资源，包括文化教育和体育教育所需的教材、设备、场馆等方面，然而，目前教育资源分配不均衡的问题仍然存在。一些地区的学校可能在体育或文化教育方面获得较好的支持，而在相对欠发达的地区，难以实现真正的一体化发展。

这种不平衡可能导致一些学生在某个领域得到充分培养，在另一方面则缺乏相应的发展机会。三是评价体系不适应。当前的评价体系以文化教育为主，例如，考试分数成为衡量学生综合素质的主要依据。而推进体教一体化要求对学生综合素质的培养，强调学生在体育和文化两方面都能获得全面发展。但是，评价体系的刚性和单一导向使得学生更加注重文化学科的成绩，而对体育方面的发展可能存在忽视。这种评价模式不利于培养学生的全面素质。四是师资队伍建设短板。推动体教一体化需要一支既懂文化教育规律又有体育教育经验的师资队伍。然而，目前一些学校的师资力量可能存在不足的情况，教师的专业性和跨学科教育能力有待提升。由于体教一体化的实施需要教师具备更为全面的素质，对学科知识和体育技能的深刻理解，这对教师的专业发展提出了更高的要求。五是家庭教育观念的影响。一些家庭更加注重学生在文化课的成绩，受限于传统的功利教育观念。这使得家庭在学生的时间分配上更倾向于文化学科的学习，而忽视了体育锻炼。在这种观念影响下，学生在体育方面的投入和积极性难免会受到一定的制约，难以全面参与体教一体化的推进。六是文化课与体育的价值观念融合有一定难度。文化教育和体育教育在价值观念上存在一定的差异，文化教育更注重知识传承、思维培养，而体育教育更注重团队协作、身体素养。要想将两者进行有效融合，使其价值观念相互促进，需要克服一些传统文化观念的障碍，才能实现教育价值观的共鸣与融合。推进体教一体化是一项全面而复杂的工程，而在文化教育方面所面临的困境不可忽视。解决这些困境需要学校、政府、家庭等多方面的协同努力，重视跨学科合作，优化资源分配，改革评价体系，提升师资队伍素质，调整家庭教育观念，实现文化教育与体育的价值观念融合。只有通过共同的努力，才能更好地推动体教一体化的发展，为学生提供更全面、均衡的教育。

（二）国家对体校人才培养的社会发展需求

体育作为社会发展中不可或缺的部分，不仅仅关乎人们的身体健康，更是涉及国家形象、社会凝聚力，以及人才储备等多方面的重要因素。体育人才的培养，尤其是在体校中，不仅仅是个体发展的问题，更是国家对体育事业长期发展的关切。在全球竞争日益激烈的今天，体育事业的兴盛不仅仅体现在运动场上，更在于培养优秀的体育人才有助于推动整个国家的全面发展。国家对体校人才培养的需求不仅仅体现在对奥运会等重大赛事的参与，更在于通过体育这一载体塑造国民精神风貌，提高全体人民的整体素质。在这一大背景下，体校人才培养就成了国家战略发展中不可或缺的一环。

体育在当今社会不仅仅是一项娱乐活动，更是国家综合实力和社会进步的象征。为了实现国家的可持续发展和国民整体素质的提升，国家对体校人才培养工作提出了新的需求。一是提升国际竞争力。作为国家软实力的重要组成部分，体育竞技水平直接影响国家在国际上的声望和地位，因此国家对体校人才培养的首要需求在于提升我国的国际竞争力。我国通过培养优秀的运动员，能够在世界体育舞台上取得更为显著的成就，展示出国家的综合实力，提高国际竞争力。二是提升国家形象。优秀的体育人才往往可以成为国家形象的代表。我国通过国际体育赛事中的出色表现，能够向世界传递出积极向上、团结拼搏的形象，提高在国际社会中的知名度，因此体校人才的培养成为国家宣传与形象塑造的重要途径。三是增强社会凝聚力。体育活动具有极大的社会凝聚力的作用。国家对体校人才培养的需求在于通过体育运动激发全社会对体育事业的热情和关注，以此增强国家的社会凝聚力。通过培养出优秀的体育人才，能够引领社会形成共同的价值观，推动社会和谐稳定发展。四是提升国民身体素质。国家对体校人才培养的需求不仅仅局限于专业运动员，更在于通过体育活动促使全体国民共同参与体育运动，实现国民身体素质的提升。体育作为强身健体的一种重要方式，对于防病治病、提高生活质量有着积极的作用。通过培养体校人才，能够带动全体国民更加积极地参与体育锻炼，促使国民形成健康的生活方式。五是推动体育产业的发展。随着体育产业的崛起，对体育经济、管理、推广等领域具备专业素养的人才需求也日益增加。国家对体校人才培养的需求在于培养一批不仅具备出色的运动技能，还具备从事体育产业的专业素养的多元化人才。这些人才能够为体育产业的持续发展提供有力支撑。六是引领社会精神风貌。优秀的体育人才往往是社会的楷模，其拼搏、进取、团结的精神风貌对于引领社会价值观有着积极作用。通过体校人才的培养，能够在全社会引发一种积极向上的精神风貌，推动社会文明进步。七是推动体育科技创新。体育科技的发展对于提升国家综合实力具有积极意义。在体育训练、器材研发等领域，需要大量的专业人才进行科技创新。国家对体校人才培养的需求也在于为体育科技领域输送更多的科研创新人才，促进国家在相关领域的科技进步。综上所述，国家对体校人才培养的社会发展需求是多层次、多方面的。这不仅仅关乎国家在国际上的竞争力，更关乎国家社会的和谐发展、国民整体素质的提升，以及体育产业的繁荣。通过不断优化体育人才培养机制，国家能够更好地满足社会发展的多元需求，推动国家向着体育强国的目标迈进。

三、体校人才培养模式的发展对策

在现代社会，体育已经不再是仅仅关乎运动的活动，而是涉及国家综合实力、社会健康、文化传承等多方面的重要领域。作为培养专业体育人才的关键机构，体校在面对社会发展和体育产业不断变革的背景下，迫切需要调整和升级其人才培养模式。随着社会的不断发展和体育产业的不断壮大，体校人才培养模式面临着新的挑战和机遇。如何更好地适应社会需求、培养更全面、更具创新力的专业人才，成为体校亟待解决的问题。

（一）深化学科教育

在体校的课程设置中，应建设多层次、多领域的学科体系，不仅要注重培养专业体育人才，还要关注康复医学、体育管理、体育科技等方向的培养，以适应社会对多元化体育人才的需求。应针对不同专业方向，制定专业化的课程体系，深化学科知识的传授规律，使学生能够在特定领域内达到更高水平的专业素养。结合体育科技的最新发展趋势，引入前沿科技与研究成果，使学生接触和参与科研活动，从而提高他们的科学素养和创新能力。

（二）拓展实践机会

可以在校外建设全方位实践基地，为学生提供更多元化的实践机会，包括实地考察、社会实践、实习等，使他们在实际操作中能够更好地将理论知识应用于实践。与体育产业相关的企业、俱乐部、医疗机构等深度合作，为学生提供更贴近实际的职业体验，促使他们更好地适应未来职业生涯的挑战。开展国际交流项目，让学生有机会参与国际性的体育赛事、研讨会，从而拓宽国际视野，提高国际交流与合作的能力。

（三）制订个性化培养计划

设立导师培养机制，为每位学生制订个性化的培养计划，关注学生的个体差异，激发其潜力，提供更加个性化的指导和辅导。针对学生个人特长、兴趣和职业发展方向，量身定制职业规划，帮助学生更好地规划未来的职业路径。针对学生心理健康的需求，开展心理辅导服务，关注学生的心理状态，帮助他们更好地面对学业和生活的挑战。

（四）优化资源配置

引进高水平的教职人员，提升教师队伍的整体素质，保证学生接受到更专业、优质的教育。对体育训练设施进行升级改造，引入先进的运动装备和科技设备，提高体育训练的科学性和效果。充分发挥校友资源，建立良好的校企合作关系，吸引优秀校友回校进行专业讲座、实践指导等，为在校学生提供更多实用性的支持。

（五）加强综合素养培养

在课程设置中加入团队协作项目，以培养学生的团队合作能力，同时注重培养学生的领导力，使其具备团队领导潜质。引导学生参与社会责任和公益活动，提高其社会责任感，培养良好的社会公民意识。在体育培养的同时，拓展文体艺术培训，让学生在综合素养上有更全面的提升，从而提高其综合竞争力。

（六）实施长效评估机制

建立从入学到毕业的全程评估体系，全面了解学生在学业、实践和综合素养等方面的发展情况，为后续的个性化辅导和就业服务提供依据。建立持续反馈机制，及时收集学生对培养模式的反馈意见，不断优化体校培养模式，确保其符合学生需求和社会变革。

（七）加强与社会的深度合作

与相关体育产业企业、俱乐部等开展深度合作，能够使学生获得更多的实践机会，从而提高他们的就业竞争力。利用社会资源，组织学生参与各类体育赛事、文体活动，增加他们的社会阅历，培养他们的综合素养。体校人才培养模式的发展对策需要综合考虑学科教育、实践机会、个性化培养、资源配置等多方面因素。通过深化改革、创新机制、与社会深度合作，体校能够更好地适应时代发展的需求，培养更加全面、具有竞争力的优秀体育人才。这既为体育事业的发展注入了新的动力，也为学生个体的成长提供了更广阔的舞台。

第四章

我国竞技体育优势运动项目的形成与发展

第一节　我国竞技体育主要优势运动项目的特点

我国竞技体育优势运动项目是我国奥运争光战略的重要基石，但目前大多数优势运动项目仍沿袭三级训练网的人才培养模式，运动项目和运动员发展的社会化程度较低。1984—2020年举办的奥运会中，我国传统优势运动项目跳水（47枚）、举重（38枚）、乒乓球（32枚）、体操（29枚）、射击（26枚）、羽毛球（17枚）、柔道（8枚），7个运动项目共获得金牌197枚，约占我国奥运会金牌总数（262枚）的75.2%。2000年，跆拳道和蹦床被列入奥运会比赛项目，后我国获得了7枚跆拳道金牌、4枚蹦床金牌（5届奥运会蹦床共设10枚金牌）。因此，跆拳道和蹦床也是我国奥运潜在的优势运动项目。根据项目群特征及体育社会化发展状况，我国优势运动项目呈现以下特点。

一、我国传统优势运动项目以技能类为主

依据运动训练学的项群理论，除举重外，我国的其他优势运动项目（跳水、乒乓球、体操、射击、羽毛球、柔道、跆拳道、蹦床）都属于技能主导类，并且都不属于典型的集体类项目。

二、我国主要优势运动项目社会化程度较低

除了乒乓球、羽毛球和跆拳道外，我国其他优势运动项目（跳水、举重、体操、射击、柔道和蹦床）运动员的数量较少，青少年运动参与和赛事观赏的群众基础较差。与三大球相比，我国大多数优势运动项目的普及度并不高，社会化与市场化程度较低，群众基础薄弱，竞技后备人才严重匮乏。

三、我国主要优势运动项目淘汰率高，社会行业分流较难

我国大多数优势运动项目的市场化程度较低、赛事较少、运动员淘汰率较高。研究显示，我国体操运动员成材率不足10%[①]。由于多数优势运动项目采用封闭式的人才培养模式，社会推广与市场开发滞后，运动项目并没有较好地融入社会各领域，致使运动员依靠专业技能分流至学校和社会俱乐部等领域就业的比例较低。

四、我国优势运动项目起始训练早、成材周期长

我国优势运动项目中如跳水、乒乓球、体操、蹦床的起始训练年龄较小，均在7岁以前，其中，我国体操起始训练年龄在4～5岁[②]。我国“少年型”优势运动项目的起始训练和专项训练开展较早，而获得最佳成绩的训练周期较长。体操、跳水等“少年型”项目在10～12岁就进入到专项提高阶段，时间明显早于“成人”项目运动员的14～16岁。例如，我国优秀体操运动员夺得世界冠军的训练周期年限集中于女11～12年，男13～14年[②]。射击和举重对运动员的心理和体能要求较高，获得最佳成绩的年龄更大，相应的训练周期也较长。例如，1998—2003年，世界女子举重锦标赛的冠军平均年龄为23岁[③]。

①毛振明，夏青，钱娅艳．论体教融合的问题缘起与目标指向［J］．体育学研究，2020，34（5）：8-12．

②田麦久，刘大庆．运动训练学［M］．北京：人民体育出版社，2012：333-340．

③刘红波，韩涛，赫献泽．我国竞技体育后势项目体教融合的困境与发展路径分析［J］．河南理工大学学报（社会科学版），2022，23（6）：92-97．

五、我国多数优势运动项目运动员文化教育缺失和退役再就业难等问题更加严峻

我国“少年型”优势运动项目起始训练年龄小、训练周期长，因此他们脱离系统的校园教育时间也较早，文化教育缺失问题更加严重。受文化教育水平不高、社会化与市场化程度较低等因素的影响，多数优势运动项目的运动员退役再就业比较困难，运动员退役后生活窘迫的新闻报道也多是涉及优势运动项目的退役运动员。

第二节　我国优势运动项目的基本特征

一、竞技技术领先性

我国的优势运动项目大多集中在技术性较强的体育领域，因此这些项目的运动员都具有一定的技术领先性。同时，要想保持我国的优势运动项目长盛不衰，我们也应该在技术上不断创新，保持技术上的优势，这样才能在体育竞争中立于不败之地。技术领先主要体现在技术创新上，即通过新的技术打破原有技术的限制，使运动员掌握更新的制胜方法，帮助他们在体育竞争中获得新的成绩。尤其是以技术为主导的优势运动项目更依赖技术的创新，每一次的技术突破都意味着体育成绩的刷新，也会使运动员拥有压制对手的实力。因此，我国要想保持优势运动项目的领先性，就要率先占领技术的前沿。

乒乓球项目就是一项典型的以技术为主导的项目。我国之所以在乒乓球项目上长期保持优势地位，除了人才的因素外，还在于我国能够在技术上保持国际一流水平。目前，我国无论是在乒乓球人才培养、乒乓球的技战术打法上都拥有国际领先优势，这样才能保证我国一直引领乒乓球这一项目的发展方向。在乒乓球的技术创新方面，我国拥有技术实力，国际上大多数的技战术创新都来自我国，并通过我国运动团队率先使用这些新技术，才将这

些技术带到了国际乒坛。每一次的技战术创新，都会使我国运动员掌握新的打法，使对手因为无法适应这种打法而落败，这种技术优势是我国乒乓球项目长期立于不败之地的重要因素。

竞技体操同样是一项技术性极强的运动项目。我国的体操在获得优异成绩的同时，都是以国际领先的技术来保持优势的。体操技术的个人风格较为浓厚，主要是冠军运动员在实战中产生的。因此多年来，我国的很多体操名将都在技术动作上为整个体操界技术水平的提升作出了贡献。在体操领域，技术的创新多以创造技术的运动员来命名，其中以中国运动员命名的动作多达32个。我国的“体操王子”李宁共创造了4个动作，其中包括“李宁正吊”“李宁交叉”等，由其余运动员创造的有“刘璇单臂大回环”“李小鹏跳”“莫慧兰空翻”“程菲跳”等。这些技术动作的产生，能够充分体现我国体操运动员的技术优势，体现我国对于国际体操项目作出的突出贡献。

举重项目同样是依靠技术领先的项目，我国举重运动员依靠技术创新创造了辉煌的成绩。早在20世纪50年代，我国的举重运动员就采用了当时在国际上尚不流行的“下蹲式提铃”技术，在先进技术的应用上走到了世界的前列。1956—1963年间，陈镜开等运动员先后13次打破挺举世界纪录，而在20世纪60年代，陈满林等运动员率先采用了“含胸式预备姿势”“后髋前送”等先进技术，先后8次打破推举世界纪录。

优势运动项目技术创新，不断地引领项目技术的发展，确保我国优势运动项目的发展始终处于世界最前沿。

二、单项协会话语权

在国际竞技体育竞争日益激烈的情况下，一个国家要想成为具有影响力的体育大国，就必须在国际体育界拥有话语权。体育的话语权能够表现出竞技体育以国家为单位的国际政治属性，反映出一个国家在制定规则、比赛标准和争夺体育资源方面的实力。掌握了话语权，也能保障国家在一些项目上的优势地位。体育的话语权不仅体现在国际奥委会等国际组织当中，更体现在各个体育单项的协会当中，如国际足联、国际体操联合会、国际乒联等。相较于综合性的体育组织和体育单项组织，体育单项的协会在规则改革、技术发展、赛事组织等方面能够产生更强的作用，直接影响着某一单项体育的未来发展方向。

在全球多极化竞争的背景下，体育的话语权必然也受到了国际政治局势的影响。因此，各个国家掌握的体育资源存在严重的不平衡，不同国家间的体育实力也存在着天壤之别。例如，国际奥委会拥有206个以国家和地区为单位的成员，但作为一个国际组织，国际奥委会的委员数量占比却不是按照成员数量决定的。一些体育强国在国际奥委会中可以占有多名委员席位，而一些体育弱国则没有国际奥委会的委员席位。这种不平衡性势必会导致每个成员国家及地区在国际奥委会中的话语权是不同的。而相较于国际奥委会，在单项体育协会中，国家之间的话语权存在更大的不平衡，这导致许多项目的发展都受到少数体育强国的支配，一些小国、弱国只能被动地接受这些国际协会制定的游戏规则。

综合来看，一个国家在体育单项组织中的话语权主要来自两个方面：一方面是国家在国际社会中的综合影响力；另一方面是国家在该项目中的竞争优势。例如，在足球项目的发展中，南美国家拥有较强的竞技实力，但受到南美国家国际影响力的制约，这些国家在国际足联中的话语权明显弱于欧洲国家。我国在体育事业的全局发展中，一方面在优势运动项目中的竞争实力不断提高，另一方面在优势运动项目的单项组织中的话语权也不断增强，这是我国竞技体育的实力不断增强和国际地位的不断上升双重影响的结果。我国的许多优势运动项目起步较晚，但进步较快，在短时间内就取得了优异的体育成绩。随着我国优势运动项目的快速发展，我国的体育从业人员和优秀运动员也进入了这些项目的国际组织中，此举快速提升了我国体育的话语权。话语权的提升，让我国能够在许多项目中参与规则的制定和项目改革，使我国的体育技术能够及时保持更新状态，保障我国的优势地位。

总体来看，我国优势运动项目的成绩发展与我国在这些项目组织中的影响力的上升是同步的，二者之间保持了良性的互动关系。例如，乒乓球、羽毛球、跳水、体操、举重等项目，它们既是我国的传统优势运动项目，也是我国能够掌握话语权的项目。同时我们也应该看到，我国的竞技体育依然还存在着可上升的空间，我国在许多项目上依然处于落后地位，因此，在这些项目的国际组织中，我国也无法占据主动地位。

三、大赛的不可或缺性

自从我国在1984年洛杉矶奥运会实现了奥运金牌“零”的突破后，我国的竞技体育成绩便快速进入世界前列，逐渐成为具有国际竞争力的竞技体育强国。自20世纪90年代以来，我国在奥运会中获得的金牌数和奖牌数均能保持在世界前列，成为与美国、俄罗斯进行奖牌榜竞争的主要国家。我国在奥运会成绩上的稳定性，离不开我国优势运动项目成绩的稳定性。这些项目是我国运动员能够获得奥运奖牌的重要基础，尤其是对于我国夺取奥运金牌有着重要意义。

2008年的北京奥运会，我国第一次获得了金牌榜的首位。在之后的伦敦及东京奥运会上，我国在奖牌数量上都保持着优势地位。取得这些成绩的关键在于我国在传统的优势运动项目上发挥稳定，这为我国争夺奖牌作出重要贡献。在里约奥运会上，我国的金牌数量较之前有所退步，也正是由于我国在传统优势运动项目上出现了成绩下滑、运动员青黄不接的问题。目前，美国依然是世界上最具优势的体育强国，美国之所以能够多次在奥运会上占据奖牌榜头名，关键也在于美国拥有多项传统优势运动项目，其中仅田径和游泳两个大项就能够为美国带来数量巨大的奖牌。因此，每个国家都有自己的传统优势运动项目，这些项目是这些国家保持竞技体育成绩的基础。

四、资源利用的率先性

优势运动项目的发展离不开我国在政策上、资源上对其进行倾斜，使优势运动项目能够率先利用体育资源，从而获得可持续发展的基础。改革开放初期，我国为了能够在优势运动项目上取得成绩，采取了举国体制，在政策导向、人才培养、资源投入等方面优先保证了优势运动项目的发展。这些政策可以使有限的体育资源集中到少数的体育项目当中，确保了这些项目可以获得优先发展的待遇。在资源率先利用的作用下，我国的优势运动项目快速发展起来，并在改革开放初期就能在国际大赛中取得优异成绩，确保了我国在竞技体育项目上的发展，为我国快速成为竞技体育大国奠定了基础。受国家资源调控的影响，我国的乒乓球、体操、羽毛球、女排等项目快速发展起来，并确立了我国竞技体育项目的发展方向。

优势运动项目发展的结果要确保项目始终处于世界领先的地位，形成项目发展的差异化。在战略和资源的配置上只有注重“异质性资源”的投入和使用才能获得整体上的竞争优势。谁能够率先掌握和使用这种具有独特性和稀缺性的资源，谁就能够在项目发展的竞争中占得优势。可见，优势运动项目的竞争同时也是掌握和利用异质性资源的优先权的竞争。

五、优势要素的不同步性

项目的发展受多种因素的共同影响，加之先天条件的差异性，表现出了项目发展水平的不同步性。在制胜优势的培育和发展中发挥不同作用的制胜因素可称为优势因素，不同的优势因素在制胜中发挥不同的作用。为了达到制胜的目的，发挥主导作用的优势要素优先发展，起到核心竞争优势的作用。不同的竞争环境有不同的优势要素成为主导优势要素，同一个优势要素在这次竞争中发挥主导优势作用，在下一个竞争环境中就可能会成为次要优势要素或者常规优势要素，只对主导优势要素起到辅助作用。起主导优势的要素优先发展，起主要作用，表现出优势要素的不同步性。

从单个体育项目的发展进程来看，决定项目发展的优势要素也存在不同步性，主要表现在不同阶段对同一项目产生决定性影响的要素也会发生改变。在项目发展初期，主要依靠要素驱动来促进项目的快速发展。因为在这一时期项目还处于起步阶段，整体的竞争实力不强。通过加强人才培养、设施建设等要素的投入，可以使该项目保持快速增长，逐渐在成绩上有所突破，最终成为一项国家的优势运动项目。当项目进入成熟阶段时，由于竞争对手也在加强要素的投入，使各个国家和队伍的发展水平均进入较高的阶段，因此各国在项目发展上的差距逐渐缩小，这时该项目的竞争也会异常激烈。此时，仅仅依靠资源要素的投入已无法有效维持项目的优势地位，这时就需要通过技术创新来获得新的突破。在这一时期，创新驱动将占据主要地位，决定了国家能否保持该优势运动项目在技术上的竞争实力。由此可见，当某个体育项目获得各个国家重视时，要想保持优势运动项目的成绩，就需要进行不断创新，使优势运动项目始终处于领先地位。

第三节　我国竞技体育优势运动项目形成的基本原理

一、坚持后发优势

后发优势是发展我国竞技体育优势运动项目的主要特点，这是因为大多数现代竞技体育项目都诞生于西方，并非是我国原有的传统体育项目。这些项目在全世界的传播过程中逐渐进入我国，并在我国逐渐形成了发展的基础。而受到历史因素的影响，我国的体育事业在20世纪前半叶发展十分缓慢，因此无法取得先天的竞争优势，在国际赛事中也无法取得优异成绩。而在中华人民共和国成立后，我国才有了明确的体育事业发展战略，自此部分项目才取得了突破性的进展。我国的竞技体育在进入国际舞台时，西方发达国家在竞技体育的发展上已经十分成熟，这就使得我国必须以后发优势在成绩上赶超西方发达国家。

后发优势在经济上的解释主要是后进入某种市场领域的主体通过吸收先发主体的经验教训，面对市场格局的变化及时调整方向并进行技术创新，从而在竞争中获得优势。在竞技体育方面，后发优势主要体现在技术、人才、机制等多个方面。掌握了后发优势，可以使我国快速赶超发展成熟的国家，在较短的时间内取得成绩上的重大突破，进而使一些项目发展成为我国的优势运动项目。目前，我国的优势运动项目都是产生于西方的体育项目，这些项目在我国形成一定的群众基础后，经过国家的重点发展，最终才实现了在竞技成绩上的赶超。在历史上，19世纪40年代至20世纪中期，我国一直处于落后挨打的局面，那时的我们不仅国家实力薄弱，人民的身体素质和人均寿命也都不容乐观，更不具备发展竞技体育的条件。中华人民共和国成立初期，正是在这种薄弱的基础上开始发展体育事业。作为后发国家，我国在体育发展中十分注重吸收其他国家先进的体育经验和体育管理体制。在计划经济体制下，我国的体育事业主要是向苏联和东欧国家学习，不仅在制度建设上学习苏联模式，在人员训练、体育教育等方面也都积极吸收这些体育强国的经验与技术。同时，我国利用各种国际交流和国际大赛的机会，让我国的各类项目走向世界，参与国际竞争。用“走出去、请进来”的办法，使先进的技术经验进入我国，确保了我国能够在短时间内奠定优势运动项目的发展基础。

改革开放以后，我国对竞技体育优势运动项目的投入剧增，在举国体制的保障下，人才、资金、技术、体制的后发优势在学习和交流的基础上逐渐转变为先发优势。然而在这一时期，国际体育项目的技术创新也在快速发展，这使得我国的优势运动项目无法一直保持领先优势。因此，我国仍需发挥后发优势，通过国家大赛的竞争和交流，积极引进更科学的训练技术与方法。同时，我国也积极借鉴了欧美国家职业体育的发展道路，积极对体育项目进行了市场化的探索，使我国的商业体育赛事在这一时期获得了快速发展。所以，坚持后发优势是我国优势运动项目当前乃至今后很长一段时间内要坚持的发展路径。

二、坚持木桶原理

木桶原理的创始人是美国著名管理学家、现代层级组织学的奠基人劳伦斯·J.彼得博士（Laurence J. Peter，1919—1990）。其核心内容表述为："木桶由长短不齐的木板组成，而一只木桶盛水量的大小，取决于最短的那块木板的高度。"

竞技体育的发展也充分验证了"木桶原理"的正确性。一个项目要想成为优势运动项目，必须使这个项目各个方面的决定要素都能实现均衡发展。如果产生明显的"短板"，那么这一项目必然无法保持竞争优势。从体育项目的整体情况来看，项目的发展是人才培养、技战术水平、群众基础、管理体制等多种要素共同作用的结果，任何一个因素缺陷，就会导致这一体育项目的发展受到制约。从运动员的个人成长来看，我国体育界也以木桶原理来对运动员进行训练，并且在衡量运动员的水平时，也会将运动员的薄弱环节重点考虑。在训练时，我国会将补齐短板作为最重要的训练内容。在木桶原理的指导下，我国通过补齐短板实现了运动员个人能力的全面发展。与此同时，木桶原理也显示出运动员要想取得优异的竞技成绩，发挥运动员个人的优势条件也十分关键。因此，我国优势运动项目的发展，不仅要补齐短板，也要发挥每个运动员自己的优势，这样才能保障我国在该项目上的成绩的稳定性。

在我国竞技体育的发展中，按照木桶原理的范式，充分发挥自身的优势，通过打造适合我国国情的优势运动项目，确保了我国在国际体育舞台上的竞争优势。集中发展优势运动项目，充分体现了我国竞技体育在整体战略中的成果，实现了在体育上的扬长避短。这种策略让我国能够集中资源发展优势运动项目，使优势运动项目的成绩能够快速提高，在较短时间内具备在国际大赛上创造奇迹的能力。因此，我国在短时期内就在乒乓球、体操、跳水、羽毛球等项目中获得了突破，并在国际上迅速占据了优势地位。其中，乒乓球成为我国的“国球”，在技术创新和运动成绩上始终处于国际领先地位；在体操和跳水等项目中，我国抓住其技术特点，以高难度技术和高完成度见长，在体育竞争中独树一帜；在羽毛球项目上，我国运动员充分发挥“快”的优势，利用自己的灵活性使对手难以招架。

在坚持木桶原理的实践中，发挥扬长效应的发展策略，我们首先要认识到，项目在发展过程中要创造性地认识自己的特长，充分发掘其特色。包括识别运动员竞技能力中的特长技术——普遍认为的长处不一定是真正的特长，只有在竞赛对抗和发展实践中得到检验而形成的比较优势的特长才是赖以制胜的根本。要用富有创造性的眼光去识别特色和特长，一旦确定特长，或者是项目发展的核心竞争力，就要对其进行有效的资源配置，增加投入，优化培育。

同时我们也要认识到，优势运动项目的发展是我国体育事业发展不均衡状态下基于特殊需要作出的历史抉择，要实现竞技体育的全面发展仍要坚持木桶原理，补齐“短板”，实现可持续发展。同时也要认识到，项目的制胜和发展是动态的过程，不均衡是绝对的，均衡发展是相对的，要想获得项目的持续发展，木桶原理中的扬长效应策略的组织范式仍将长期沿用并发挥作用。

三、坚持“竞争优势”

《孙子兵法·军形篇》中有：“昔之善战者，先为不可胜，以待敌之可胜。不可胜在己，可胜在敌。”也就是说善于作战的人，首先要创造不被敌人战胜的条件，待时而动，战胜敌人，其关键不是着眼于如何打败别人，而是不断地提升自己的实力。

（一）竞争优势的含义

竞争优势的概念最早可以追溯到张伯伦（E.H.Chamberlin）1939年的

《垄断竞争理论》，1978年霍弗和申德尔（Hofer&Schendel）把这个概念引入到战略管理中。20世纪80年代到90年代，美国哈佛大学商学院教授迈克尔·波特（Michael Porter）在其著作中提出了竞争优势的概念。这个理论认为，一个企业能够产生竞争优势，主要在于企业能够为自己的用户创造更多的价值，从而使自己产生的价值超过企业的成本，于是企业就能获得比其他竞争对手更多的优势。同样的，一个国家在国际化的竞争中，也应该产生自己的竞争优势，其竞争优势主要体现在国家在科技创新领域的超前性，能够引领各个产业的发展。企业和国家的竞争优势都是动态变化的，在全球化发展的过程中，具有领先优势的国家也可能逐渐衰落，而后发国家可能因为科技创新而产生后发优势，进而产生新的竞争优势。因此，任何国家都应该在这种动态发展中保持居安思危的思想，始终保持国家的竞争优势。也有理论认为，竞争优势产生的必要条件是企业或国家能够掌握稀缺性资源，如果企业或国家有办法掌握更多的稀缺性资源，就更容易产生竞争优势。在21世纪，稀缺性资源已经不仅限于能源、矿产等物质资源，更重要的是人才和科技资源。

（二）竞争优势的来源

随着战略理论的发展，人们越来越注意到尽管能力是多样化和多层次的，但是竞争的经验使人们更重视核心能力或者特殊能力，因为只有充分发挥这种能力，才能取胜于竞争对手。核心竞争力是“能够作为战胜其竞争者的竞争优势来源的资源和能力”。核心竞争力是在不断学习并积累如何利用各种不同的资源和能力的长期过程中形成的。利用核心竞争力采取的行动是利用比竞争对手更擅长的行动，能够在很长一段时间之内为自己的产品或服务增加独特的价值。

竞争优势是竞争力的支撑，竞争力是竞争优势的外在表现。这两者的关系类似于物理学中的“势”与“力”，“势”是潜在的能量，“力”是一种现实的力量。竞争优势的不断累积，在竞争中表现出强有力的地位和卓越的获胜能力；互为因果，竞争优势是“因”，竞争力是“果”，竞争优势的强弱最终要通过竞赛并以竞争力的形式表现出来。竞争优势是个相对的概念，是相对于竞争对手而言的，而竞争力则是一个绝对的概念。在动态的环境中，如果只有一种竞争优势且无力创新，那么在动荡环境中将很难生存。

竞争优势源于持续性的创新，所以说持续性创新是创造和维持其竞争优势的唯一出路。

并非一个人所有的能力都是核心竞争力，竞争优势来源于有价值的和稀有的资源，但要想获得持久的竞争优势，就要具备无法被竞争对手模仿和复制的能力。只有持续地发展有价值的、稀有的、难以模仿的，以及不可替代的能力，才能获得持久的竞争优势，反之，所获得的竞争优势可能只是暂时性的，甚至是无法获得的竞争优势。

（三）优势运动项目竞争优势的获得与持续发展

上述对于竞争优势理论的分析告诉我们，竞争优势的产生主要包括资源和能力两个方面的因素，即参与竞争的主体不仅要能够掌握稀缺资源，还要有将这些资源转化为优势的能力。竞技体育的主要特征就是国家之间的竞争，因此也需要各个国家充分发挥自身的竞争优势。体育的主要资源来自体育人口、竞技技术等多个方面，而发展体育的能力主要体现在政府推行的体育管理政策和社会各个组织发展体育项目的能力，人力、物力资源也是发展体育竞争优势的必要条件，国家之间的竞争也主要体现在对这些资源的竞争上。在掌握相关的体育资源后，国家还需要具备整合资源、利用资源的能力，通过科学的发展方式将其最终转化为在体育优势运动项目上的竞争力。

国家之间的体育竞争优势集中体现在各类优势运动项目上。在发展优势运动项目的过程中，国家通过政策引导，使人力、物力资源逐渐向优势运动项目集中，同时不断积累发展优势运动项目的经验。这种资源与能力的良性互动，确保了优势运动项目能够获得持续发展，最终在国家与社会中间产生核心竞争力，在对外竞争中保持明显的优势。

四、坚持自主创新

在全球化背景下，创新要素在国际竞争体系中起到了支配作用。因此，各国均以创新能力的提升不断提升自身的竞争优势。我国在新时期的主要发展策略就是实施创新驱动战略，坚持自主创新的道路，持续为社会的发展提供动力。我国作为发展中国家，要想在以发达国家为主导的国际竞争中体现后发优势，自主创新能力则显得更加重要。只有坚持自主创新，才能使我国打破与发达国家之间在科技、贸易等方面的壁垒，使我国在国际市场格局中掌握主动权和话语权。

同样，在全球化背景下，竞技体育的发展也呈现出了新的格局。体育的竞争已经扩展到国家创新能力的竞争，科技创新能够在很大程度上保障体育事业的持续、向好发展。从整体来看，体育作为一种产业，需要通过不断创新来获得发展动力；从局部来看，任何一个体育项目竞争力的提升，都要依赖设备、器材、技战术、科学训练等方面的创新来取得竞争优势。因此，新时期我国体育事业要想获得进一步发展，也应该坚持创新驱动战略，体现我国在体育领域的自主创新能力。发达国家之所以能够在体育领域具备较强的竞争实力，关键在于这些国家掌握了体育发展的关键技术，在技术的带动下，这些国家的训练水平、人才培养等才能获得快速提升。而有些关键技术只有自己掌握，才能确保体育获得长远发展。因此，对于我国目前的优势运动项目来说，要想在国际上始终处于领先地位，就需要从科学的角度来坚持自主创新。

可以说，创新是竞技体育得以不断发展的核心动力，使我国体育能够实现赶超西方发达国家并引领发展潮流的基础要素。中华人民共和国成立以前，我国的自主创新能力十分薄弱，在社会经济领域完全依赖于外国，这就导致我国的体育事业也无从发展。中华人民共和国成立后，我国在体育事业方面深入学习苏联的先进经验，引进了苏联和东欧国家的许多训练及比赛技术。但后来随着中苏关系的恶化，我国也急需摆脱苏联模式的限制，让体育事业走向自主创新的道路。因此，我国结合过去的经验，建立了举国体制的体育发展模式，从管理体制到体育人才培养和训练等方面不断探索适合中国国情的创新发展之路。这一时期，我国创新性地推出了“三从一大”的训练方法，也开创了陪练机制等新的运动员训练模式。通过在训练方面的自主发展，我国能够不断摸索优势运动项目的发展方向，及时掌握国际上的新技术和新理念。同时，能够针对竞争对手的特点进行针对性的技战术演练，确保我国运动员能够在优势运动项目中保持好的竞技成绩。如今流行在世界范围内的一些运动技术、战术、训练方法，都深深打上了具有中华民族特色的烙印，呈现出强烈的中国风格和中国特色。

20世纪80年代以来，中国女排横空出世，创造了“五连冠”的奇迹，而乒乓球也长期在奥运会赛事等国际大赛中保持统治地位，体操、羽毛球和跳水等项目也体现了我国竞技体育的特点，取得了其他国家难以企及的优异成绩。我国体操项目的发展，与过去的东欧国家及西方国家都有所不同，充分体现了我国在体操项目发展中的独立自主原则。在训练方法和技战术特点方面实现了自主创新，做到符合我国的国情和运动员的特点，并逐渐形成了自己的风格。在体操人才的培养和训练领域，我国形成了一套完整的思想、理念和方法，使我国的体操运动员能够在国际大赛中脱颖而出。在乒乓球及跳水等项目领域，我国更是以创新引领发展，确保了我国在人员训练、技战术方面的世界领先地位，使我国在这些项目中始终保持优势地位。近些年来，我国凭借自主创新的优势，也将乒乓球、跳水等项目的技术向外界输出，大批的教练员、运动员走向海外，促进了其他国家相关体育项目的发展。由此可见，自主创新是我国保持优势运动项目竞争地位的根本手段，也是我国提高体育话语权的重要途径。

第四节　我国竞技体育优势运动项目体教融合实施的困境

一、社会化发展脱离学校基础，体教融合改革辐射呈现盲区

社会化是指“个体在社会生活环境中学习、掌握知识和技能等，适应社会并反作用于社会的过程。”①体育社会化包括融入社会和成为社会所需两方面的内容，从竞技人才培养角度看，我国优势运动项目的社会化涉及运动项目本体的社会化发展和运动员自身的社会化发展两个方面。运动项目良好的社会化发展态势表现为该运动项目能成为文化生活中的重要内容，具有较广泛的社会参与度，并成为社会成员所需的重要内容。运动项目在学校的开展情况是其社会化发展的重要表现，校园推广程度是该运动项目可持续发展的重要依据。我国跳水、举重、体操、射击、柔道、蹦床等优势运动项目长期使用三集中封闭式训练管理模式，与学校体育渐行渐远，到现在已失去了校园基础，从而导致体教融合所涉及的课余训练、校内竞赛、学校代表队、校际竞赛、体育传统学校、高水平运动队、青少年俱乐部

①王慧文．我国退役运动员社会融入问题研究［D］．上海：上海体育学院，2020：45．

等改革在实施过程中困难重重。

二、教育与体育部门的联合赛事与等级认证失灵

整合教育和体育部门的优势资源，构建青少年体育赛事体系是打破部门间的壁垒和有效推动体教融合的关键环节。但我国现行的大多数优势运动项目都属于体育部门单系统运行，没有发展学校体育的土壤，这也让我国六个优势运动项目体教融合赛事改革出现了“真空地带”。教育与体育部门体育赛事注册统一，各级体育赛事整合，运动成绩两部门同时奖励，以及运动员运动等级认证统一标准、两部门共同评定等改革措施，并不能惠及大多数优势运动项目的运动员。因此，除乒乓球和羽毛球之外，跳水、举重、体操、射击、柔道等优势运动项目的校园普及度相对较差，教育系统内基本不存在这些项目的赛事，教育与体育部门联合举办赛事、等级认证等自然就无从谈起。

三、社会资源整合难，体校体教融合改革困难重重

在我国，大多数优势运动项目仅集中在竞技体育系统内部运行，项目推广与人才培养尚未深入至学校体育和社会体育中。运动项目的市场化与产业化发展水平是其吸纳社会资源的重要条件，而我国跳水、举重、体操、射击等优势运动项目的社会组织较少，营利性的社会俱乐部更少。因此，体教融合所提倡的吸纳社会资源，鼓励社会俱乐部、社会组织进校园等改革措施，在我国很多优势运动项目领域中的融合效果并不明显。

体校是我国竞技体育举国体制训练体系中的重要组成部分，也是我国现行的优势运动项目竞技后备人才来源的主要渠道。《关于深化体教融合促进青少年健康发展的意见》提出“将体校义务教育适龄学生的文化教育全部纳入国民教育体系”①。但从实质上讲，关于体校文化教育的改革并不彻底，如一些学者所言，体教融合的最终目标应该是将青少年竞技回归到国民教育体系内。这种体教融合的改革依旧是延续体校文化教育的内部运行，在管理形

①中华人民共和国中央人民政府. 体育总局　教育部关于印发深化体教融合　促进青少年健康发展意见的通知［EB/OL］.［2020-09-21］. http://www.gov.cn/zhengce/zhengceku/2020-09/21/content_5545112.htm.

式上应将其纳入国民教育体系，在措施上优化体校文化课教师资源配置，提高教师待遇。由此可见，我国体校内部的文化教育模式仍将运行较长时间。

第五节　我国竞技体育优势运动项目形成的理性思考与启示

一、优势运动项目将继续承载着国家和民族的历史责任

发展极理论认为主导部门和有创新能力的企业相互聚集会形成一个磁场极，有较强的吸纳辐射能力，不仅自己发展，通过向外扩散还带动了其他部门和企业的经济增长。在竞技体育领域，优势运动项目集群就是一个具备较强吸纳能力的磁场极，能够吸收包括人才、信息、资金、场地等资源来发展自己，进而推动了竞技体育的持续发展。优势运动项目是中国竞技体育发展的正适应，在提升中国竞技体育乃至国家的影响力、促使训练方式发生改变、带动落后项目进步、促进国民素质和生活质量的提升等方面都发挥了重要作用。优势运动项目需要承担中国竞技体育发展的历史责任，通过优势运动项目的发展为实现中华民族伟大复兴的中国梦助力。

我们也应该认识到优势运动项目的发展是一个复杂的社会文化现象，占据世界前沿，夺取金牌的内涵已经远远超出了竞技体育本身的价值。在优势运动项目发展初期，依据的是新中国体育事业的发展要在世界舞台上大放异彩、展现日益富强的国家综合实力、振奋民族精神的发展需要。奥运战略是以竞技体育为媒介，需要短时间内迅速提高这些项目的竞技水平，国家制定战略抉择，赋予了优势运动项目神圣的政治功能，承载着国家和民族振兴的希望。在实现中华民族伟大复兴的历史进程中，竞技体育优势运动项目又承载了展示中华民族伟大复兴的辉煌成就、振奋民族精神的历史责任。优势运动项目是竞技体育发展的排头兵，是中国体育事业发展实力的重要体现，能展示中国政治、经济等外部环境的发展状况，无论优势运动项目的发展作出什么样的历史选择，都将关系到与世界竞技体育发展的差距，国家和民族对优势运动项目的发展寄予了厚望，优势运动项目还将长期活跃在竞技体育发展的历史舞台上，继续承担神圣的历史责任。

二、项目的优势来源于优势要素的传承、转折和创新集合

我国的优势运动项目能够获得快速发展的根本原因在于在国家的政策支持下，各种体育资源能够向少数的优势运动项目集中，促使我国能够在优势运动项目领域建立起完整的人才培养、训练、管理和竞赛机制。正是通过这种要素集中的方式，才保障了我国的优势运动项目能够获得源源不断的发展基础，进而形成了这些项目的自主创新能力。要想保持我国在优势运动项目中的领先地位，我国也应用发展的眼光，深入研究要素的传承、转折和创新。其中，在传承方面，要将优势运动项目发展成为具有中国特色的体育文化，能够通过优势运动项目的发展，将我国的体育文化、精神理念继续传承和发扬，通过一代代运动员的传承，使我国优势运动项目能够始终保持自己的风格特点。例如，中国女排通过“五连冠”的奇迹凝练出了“女排精神”，不仅成为我国体育界学习的榜样，也对中国各行各业的发展起到了激励作用。这种精神在女排运动中得到了传承，能够使一代代女排运动员产生精神的力量，在雅典奥运会、里约奥运会等大赛中继续焕发光彩。在转折方面，主要是指我国的优势运动项目要适应时代发展，能够勇于放弃落后的技术和理念，在发展方向上实现创新转型。这就要求我们的体育人不能因循守旧，要面对新的发展形势作出有效应对。在创新方面，我国优势运动项目只有通过不断地创新才能实现其可持续发展。这些创新不仅体现在技术领域，也表现在管理制度方面。创新要求我们能够深入了解运动项目的客观规律，把握事物的发展方向，不断探索新的制度与方法，在优势运动项目领域创造良好的创新环境。

三、项目的发展要立足于国情和自主性创新

竞技体育是在近现代时期科技革命和社会变革的背景下产生的，其发展过程也与社会的发展密切相关，在一定程度上反映了一个国家的经济水平和文化实力。竞技体育项目大多起源于西方国家，这也与西方国家较早完成了科技革命与社会变革有关。而中国是在20世纪初才逐渐接受了西方竞技体育的传播，但在那一时期，我国正处于积贫积弱的情况，国家和社会都无力发展体育，国民贫弱的生活状态与较差的健康水平也无法支持体育的发展。一直到中华人民共和国成立后，我国才拥有了和平稳定的发展环境，人

民生活水平也有了实质性的提高，在这种情况下，我国的体育事业才能渐渐发展起来。因此，体育的发展与国家的发展水平是紧密联系的，国家与社会的发展情况决定了体育的发展能够形成什么样的规模，发展出什么样的特色。我国优势运动项目的发展都是建立在我国的基本国情之上的，是我国在一定时代背景下产生的结果。

在未来的体育发展中，我国体育项目的发展也应当立足于时代背景，按照我国社会的基本情况来实现优势运动项目的发展。进入新时期以来，我国在经济总量和人民生活水平方面均取得了一系列丰硕的成果，这也带动了我国竞技体育的进步。除了早期形成的优势运动项目外，近年来我国在田径、游泳、水上项目等大项目中也不断取得了成绩上的突破。这种立足于本国国情稳步发展竞技体育的策略符合时代发展的要求。在竞技体育发展的过程中，我国在立足国情的同时，也要坚持自主发展的道路，要摆脱在技术上对西方的依赖，按照我国的现实情况进行技术创新。只有这样才能探索出我国体育发展的正确道路，并使我国体育事业获得全面发展。

四、优势运动项目形成与发展呈波浪式前进的总体趋势

任何事物的发展，总是呈现波浪式前进的总体趋势。在事物的发展过程中，总会遇到一些曲折，呈现高峰和低谷，这要求我们正确看待发展中的问题。如果我们在处理问题的过程中按照直线式的处理方式，那毫无疑问我们就违背了事物发展的规律。

我国优势运动项目的发展也会经历波浪式前进的过程。在一个项目发展成为优势运动项目后，其发展也不可能一帆风顺。在其发展的环境出现变化时，其发展也会经历高峰或低谷。在优势运动项目的发展经历低谷时，只有通过加强人才培养、继续坚持科技创新，才能使该项目重新回到繁荣状态。例如，中国女排在20世纪80年代创造了许多辉煌成绩，一度成为世界领先的优势运动项目。但在20世纪90年代，随着老一代女排运动员的退役，加上我国在排球技战术上没有获得创新，致使我国女排项目经历了低谷期。然而，我国即使在低谷期也在坚持女排的发展，终于在21世纪初期，新一代中国女排再次获得了世界杯与奥运会的冠军，标志着我国这一优势运动项目获得了新的成就。除了女排项目外，其他的优势运动项目也会不可避免地出现问题和波折。与此同时，有些过去的落后项目也会在发展中迸发潜

力，快速成为新的优势运动项目。而有些项目虽然能够在短时期内取得成绩，但在其后续的发展中，由于各种原因无法获得持续性的发展。因此，在我国竞技体育项目的发展中，我们应该正确对待发展中出现的各种问题，采取积极的发展策略，让优势运动项目保持长期稳定的发展。

五、竞技体育优势运动项目的不均衡发展将长期存在

优势运动项目虽然成了反映我国竞技体育水平总体实力的决定性因素，也保持着较高的金牌贡献率，但仍然存在项目间发展不均衡、项目结构不均衡和男女项目发展不均衡的问题。七个优势运动项目中的乒乓球、羽毛球、跳水、举重优势明显，体操发挥稳定性不足，射击和女子柔道优势不突出，在第30届奥运会上射击虽奖牌总数占优，但金牌数却落后于韩国、美国和意大利，位居第四。女子柔道则一金未得，排在项目奖牌榜的第13名，金牌被各国平分，竞争激烈。部分小项较多的重点项目，有些小项水平较高，但大多数小项水平比较低，个别小项还未获得过金牌。没有分清项目内部小项的层次，这就导致主次、重点不突出，力量分散，因此没有发挥出这些项目应有的效益。此外在很多项目中女子实力超群，男子则无明显优势，女运动员的整体夺金和夺牌实力明显高于男运动员，呈现出一定的性别失衡态势。

优势运动项目发展不均衡的现象还表现在优势运动项目理论研究与实践的不均衡。近代以来的中国体育主要在借鉴其他国家的经验，在大多数体育项目中都尚未对当代世界体育作出具有实质意义的贡献，这与一个有着丰厚文化沉淀、经济快速发展、人口众多的体育大国是不相称的，因此在这一方面我国还存在较大的发展空间，需要逐步地探索和完善。优势运动项目发展的理论和实践的均衡发展同样是个长期发展和实践的过程。优势运动项目的发展呈现地域不均衡的情况，优势运动项目主要分布在辽宁、北京、山东、浙江、江苏、福建、广东、湖南、湖北等经济较发达的地区。这说明了竞技体育优势运动项目的发展与经济有着密切的关系，奥运会优势运动项目的发展，离不开优势经济的支撑。

事物发展的均衡是相对的，非均衡发展是绝对的、长期的。通过非均衡的发展无限接近竞技体育项目的均衡，最终实现全面发展，这是竞技体育发展的理想状态和最终目标。在项目发展由非均衡向均衡无限接近的道路上还出现为了追逐金牌数量而产生的竭泽而渔、功利主义、违反事物发展规律

的做法，给中国竞技体育的可持续发展带来严重不利影响。当前中国正在由“体育大国”向“体育强国”迈进，因此不能搞单一金牌数量指标，而是要着眼于竞技体育的持续发展和均衡发展，要做到这一点就不能只保持优势运动项目的现有水平，要摆脱其他项目长期无所作为的尴尬，通过优势运动项目的均衡发展带动竞技体育项目的整体均衡发展。

六、项目的成功没有最佳模式只有合理的选择

17世纪法国科学家皮埃尔·德·费马（Pierre de Fermat）在研究光在不同的介质中传播产生折射现象原因的过程中，证明了他的“最少时间原理”。该原理认为光在从一点到另一点的过程中，总是选择所需时间最短的路径。在“最少时间原理”的启发下，科学家们证明了一个普遍性的客观规律：一个合理的过程都是作用量最小的过程，即“效益”的过程。从本质上来讲，我们周围所存在的一切过程，无论是自然中的过程，还是社会领域中的过程都是一个转化的过程。既然如此，评判一个过程自然涉及两个评价的参量，即转化的结果和转化的效率。理性的人们不仅希望有利的结果的实现，同时还要考虑其中的效率因素，特别是在“不可逆”的过程中这种想法会更加强烈。

改革开放为中国体育的发展提供了历史性的机遇，改革开放成为中国体育发展重要的推动力量，也为中国体育的腾飞营造了良好的发展环境。我国竞技体育的发展是一个系统性的工程，需要在政府、社会、个人的共同努力下才能取得一系列成就。竞技体育的改革和发展，需要我们进行不断探索才能找到适合我国具体国情的发展道路。同时，也不存在一个固定化的模式适用于所有项目的全部发展阶段。因此，寻找合理的发展模式，需要我们按照事物本身的规律，结合时代背景和客观条件找到一条最科学的路径。我国现有的优势运动项目也是在长期的摸索中逐渐成型的，这些项目的产生，既适应了我国社会的基本国情，同时也适应了我国运动员的基础特点。在这些项目的发展过程中，既有一般规律的作用，也在发展中体现了项目本身的特点。因此，一个项目的发展经验，未必能够适应其他项目的规律，这需要我们通过实践的检验才能证明。我国在发展其他项目的过程中，既需要借鉴其他优势运动项目的经验，更要根据项目本身的发展规律来找到最适合该项目发展的合理的模式。

第五章 我国体教融合竞技体育人才培养现状

第一节　体育院校优秀运动员培养现状

一、体育院校优秀运动员的培养目标与培养规格分析

体育院校在人才培养的过程中，要首先树立明确的培养目标，只有在正确的目标指引下，才能确定教学的内容和方法。其次，明确的培养目标也能帮助院校确立具体的人才培养规格，这样才能进行有针对性的教学和训练。因此，在体育院校中，培养目标和培养方案的制定是同等重要的，且二者的关系相辅相成，不能产生矛盾。院校在确立培养目标的过程中，要按照我国现实的发展需求来进行，使院校的运动员能够适应时代的发展。在确立培养目标后，院校可以进一步建立培养体系。

（一）培养目标分析

体育院校的培养目标主要包含四个层面的内容：一是在思想政治方面，要求运动员能够具备良好的政治觉悟和道德素养。只有具备这些素质，运动员才能将个人荣誉与国家荣誉结合起来，从而更好地为体现国家荣誉而拼搏；二是在文化知识方面，要求运动员在掌握竞技技能的同时，也要具备体育学的理论知识，并提升自身的文化知识水平，以便成为多方面发展的人才；三是在技能方面，要求运动员在自己从事的项目中熟练掌握各种技巧，

在竞技中能够保持优势；四是在人才类型方面，学校要明确各个专业能够培养哪方面的人才。

有的学者认为，以“高级专门人才”为设定目标容易导致整齐划一的人才标准和办学模式，这样会忽视人才成长的个体差异①。这种观点说明，我国的体育院校在人才培养过程中，既需要按照我国体育事业的要求来培养人才，也需要从运动员个人成长的需求来确立培养目标。如果盲目地以高级人才的标准来进行人才培养，可能并不符合运动员的发展规律。运动员在成长的过程中，会将主要的经历用于体育项目的锻炼方面，其在基础文化知识方面无法与普通高校的学生相比，因此，大多数运动员未必能够成长为高级的专门人才。因此，体育院校的人才培养目标尤其自身的客观规律和人才培养特点，其目标的制定未必能够完全按照《中华人民共和国高等教育法》等相关文件来进行。当前，我国竞技体育的发展仍处在快速上升的发展阶段，我国体育院校的主要责任依然是为各个项目培养符合竞技需求的运动员。这些新时代的运动员不仅要掌握高超的运动技巧，在竞技赛场上争取好的成绩，也需要符合时代对复合型人才的培养需求，不断提升自己适应社会的能力。在这些要求下，我国体育院校的人才培养目标，应该是从实际需求和运动员的个人成长需要出发，为社会培养应用型、复合型的人才。

（二）培养规格分析

体育院校作为培养优秀运动员的重要场所，其培养规格直接关系到培养质量和运动员的竞技水平。

1. 培养模式的规格分析

（1）专业教练团队

体育院校应建立专业的教练团队，包括有丰富经验的主教练、专业领域教练，以及康复医学专家等，确保运动员在技术、训练和伤病防护等方面得到全方位的支持。

---

①陈玉祥. 高等教育培养的是“高级专门人才”吗？——大众化背景下高等教育培养目标质疑［J］. 江苏高教，2007，（5）：13-14，25.

（2）科学化训练体系

制定科学化的训练体系，结合运动员的个体差异，精准地制订培训计划，确保每位运动员都能在最合适的训练强度下实现个人潜力。

（3）个性化培养计划

针对不同运动员的特长、发展潜力和职业规划，制订个性化的培养计划，充分考虑学科学习、技能提升，以及心理健康等方面的需求。

2. 学科教育的规格分析

（1）多层次学科设置

在学科设置上实现多层次、多领域的发展，包括专业体育课程、康复医学、体育管理等，使学生在不同方向上都能够获得系统的学科知识。

（2）实践导向的课程设计

结合实际训练需求，设计实践导向的课程，使学生能够将学科知识更灵活地运用于实际运动训练中，提高其综合运用能力。

（3）引入前沿科技与研究成果

将前沿科技和研究成果融入学科教育，培养运动员具备科研意识和创新能力，使其在运动领域能够保持领先地位。

3. 实践机会的规格分析

（1）多元化实践基地建设

在校外建设多元化的实践基地，包括不同类型的竞技场馆、康复中心等，为学生提供更广泛的实践机会。

（2）国际交流与比赛参与

积极组织国际性的体育交流活动和比赛，使运动员能够与国际顶尖选手接触和交流，提高他们在国际赛场上的竞技水平。

（3）行业与企业深度合作

与相关体育产业企业、俱乐部深度合作，为学生提供更贴近实际的职业体验，增加实际操作的机会，促使学生更好地适应未来的职业发展。

4. 心理健康的规格分析

（1）心理辅导与服务

在体育院校设立专业的心理辅导团队，为运动员提供个性化的心理咨询服务，随时关注运动员的心理健康状态。

（2）心理健康教育活动

组织心理健康教育活动，提高运动员的心理抗压能力、调适能力，培养他们积极向上的心态。

（3）团队合作与领导力培养

引导学生在团队合作中培养领导力，使其在团队中更好地发挥自己的作用，同时提高整体团队的战斗力。

5. 国际化视野的规格分析

（1）引入国际化教学资源

引进国际化的教学资源，包括优秀教练、学者的授课、国际课程体系等，使学生能够接触到更广泛、更先进的体育知识。

（2）加强国际体育交流

开展国际交流项目，鼓励学生参与国际性的体育赛事、交流活动，以提高他们的国际视野和交际能力。

（3）建立双语授课体系

设立双语授课体系，提高学生的外语水平，有助于他们更好地理解和融入国际体育领域。

体育院校优秀运动员的培养规格应该是多方位、多层次的，包括培养模式、学科教育、实践机会、心理健康和国际化视野等方面。通过对这些规格的深入分析，可以为提高我国优秀运动员培养质量提供有力的指导，助力体育事业的蓬勃发展。

二、体育院校优秀运动员的课程体系分析

（一）课程分类分析

体育院校在培养优秀运动员的过程中，其课程体系是关键，可以说课程的科学分类对于学生的全面培养至关重要。

1. 基础运动技能类课程

基础运动技能是优秀运动员必备的基本素养。这类课程旨在系统地传授运动的基本技能，包括但不限于跑、跳、投、拍等。在这类课程中，学生将接受系统、科学的技能培训，是后续学习的基础，为更高层次的技能学习奠定基础。

2. 高级运动技能与战术训练类课程

在基础运动技能的基础上，学生需要进一步深化和拓展技能。这类课程侧重提高学生在特定运动项目中的高级技能，同时注重对学生的战术训练，使学生能够更加灵活地运用运动技能在实际比赛中应对各种情况。

3. 学科教育类课程

学科教育类课程是提高学生对运动科学理论的理解和掌握程度的重要环节。运动生理学、运动心理学等课程将深入剖析运动的生理和心理机制，为学生提供科学的理论支持，使其在训练和比赛中能够更加明晰地认识自身。

4. 康复医学与运动医学基础类课程

在高强度的运动训练中，运动员不可避免地会面临伤病问题。康复医学与运动医学基础类课程将培养学生对于运动损伤的预防、康复，以及基本的医学知识，以提高运动员的身体素质和健康水平。

5. 体育管理与职业发展类课程

体育管理与职业发展类课程是为了培养学生的团队协作精神、领导

力，以及对于运动事业的整体认识。这包括运动队管理、赛事策划与组织、职业规划与领导力等方面的培训，使学生能够更好地适应职业体育领域的发展。

6. 实践教学与国际交流类课程

实践教学与国际交流类课程旨在将学生的理论知识应用到实际操作中。通过实践性的训练、实习机会，以及与国际水平的运动员进行交流，学生将能够更加深入地理解并提高自己的专业水平。

7. 心理健康与团队协作类课程

心理健康与团队协作类课程关注对学生心理素质的培养。这包括运动员心理素质的培养、压力管理与心理调适，以及团队合作与领导力的培养，这些课程能帮助学生在高压竞技环境中保持良好的心理状态。

体育院校优秀运动员的课程分类分析有助于建立科学的、有针对性的培养体系。通过系统的基础技能培训、高级技能与战术训练、学科教育等多层次、多领域的课程设置，体育院校能够全面提升学生的专业水平和综合素质，培养更多的优秀运动员。

（二）课程设置学分比例分析

体育院校的课程设置对于培养优秀运动员至关重要，学分设置是否科学合理直接关系到学生在不同领域的学科学习、实践培训和专业素养中的全面发展。

1. 基础运动技能类课程

基础运动技能是学生作为运动员的基石，该类课程应占据较高的学分比例。在整体学分设置中，基础运动技能类课程的学分比例应在20%~25%。这确保了学生有足够的时间和学分投入基础技能的系统学习和实践中，打下坚实的运动基础。

2. 高级运动技能与战术训练类课程

为了提高运动员的竞技水平，高级运动技能与战术训练类课程在学分体系中的比例也相当关键。通常，这类课程的学分比例可以占到整体学分的15%~20%。这确保了学生在基础技能的基础上能够深入学习更高级、更复杂的技能，并在实战中灵活应用。

3. 学科教育类课程

学科教育类课程是提高学生理论水平的主要途径。这类课程在学分体系中的比例通常占到整体学分的15%~20%。通过深入学习运动生理学、运动心理学等相关课程，学生将更好地理解运动的本质，为实际的运动操作提供理论支持。

4. 康复医学与运动医学基础类课程

考虑到运动员在高强度训练中易受伤的实际情况，康复医学与运动医学基础类课程在整体学分体系中的比例通常为10%~15%。这确保了学生具备足够的基础医学知识，能够有效预防和处理运动损伤，保障运动员身体的健康。

5. 体育管理与职业发展类课程

在培养全面优秀运动员的过程中，体育管理与职业发展类课程在学分体系中的比例也应有所体现，通常占到整体学分的10%~15%。通过这类课程，将培养学生团队合作能力、领导力，为他们未来职业发展奠定基础。

6. 实践教学与国际交流类课程

实践教学与国际交流类课程对于学生的实际操作能力和国际化视野的提升至关重要。这类课程在整体学分中的比例通常为10%~15%。通过实际操作和国际交流，学生将更好地理解并应用所学知识。

7. 心理健康与团队协作类课程

心理健康与团队协作类课程的比例应在整体学分中占到10%左右。这类课程能够培养学生的心理素质，强化团队协作和领导力，为运动员在高压竞技环境中保持良好状态提供支持。

体育院校优秀运动员的课程设置学分比例应根据不同类别课程的重要性和培养目标进行科学合理地分配。通过合理设置学分比例，能够确保学生在各个方面都得到全面的培养，从而更好地适应高水平竞技运动的要求。

三、体育院校优秀运动员培养体系特点

体育院校作为培养优秀运动员的重要阵地，在我国体育事业发展中扮演着至关重要的角色。随着社会对体育竞技水平的不断提升和对运动员全面素质要求的逐步增加，优秀运动员的培养现状也面临着新的挑战。

（一）培养目标的多元化

随着体育事业的发展，体育院校对于优秀运动员的培养目标日益多元化。除了注重运动技能的培养外，对学生的学科知识、团队协作、领导力等方面的要求也越来越高。培养目标的多元化反映了社会对优秀运动员的全面素质要求，使培养体系更加综合和全面。

（二）课程设置的专业性与实践性提升

体育院校在优秀运动员培养方面，课程设置越发注重专业性和实践性。除了基础运动技能的训练，学生还需要深入学习运动生理学、心理学等相关学科，增强运动员对自身训练和竞技状态的认知。实践性教学和实训课程的增加，使学生更好地将理论知识应用于实际操作，提高其专业水平。

（三）科技手段的运用与数据分析

随着科技的发展，体育院校在优秀运动员培养中开始广泛应用各种先进的科技手段。例如，运动生物力学分析、心率变异性监测、运动员身体状况数据的采集与分析等成为培养过程中的重要工具。科技手段的运用不仅提高了对运动员培养的精准度，还为运动员提供了更科学的个性化训练方案。

（四）国际交流与合作的增加

为了提高我国运动员的国际竞争力，体育院校应积极加强国际交流与

合作。与国外高水平体育院校建立合作关系，开展联合培训、交流项目，使学生接触国际先进培养理念和训练方法。这有助于我国优秀运动员更好地适应国际体育舞台的竞争环境。

（五）团队协作与心理辅导的重视

优秀运动员的培养已不再是单一的个体训练，而是更强调团队协作和对其心理素质的培养。体育院校逐渐引入团队协作课程和心理健康辅导，关注运动员的心理状态、人际关系和团队协作，以全方位培养学生的综合素质。

第二节　竞技体育后备人才培养的现状

一、国外竞技体育后备人才培养研究现状

如何高效率地培养后备人才，最大限度地挖掘运动员竞技潜力，该问题在某些国家已经形成了一种“舆论”。西方体育发达的国家对后备人才培养问题的研究也是近十几年才起步的，相关研究出现较晚的原因之一主要是欧美国家在市场经济体制下，本身并不具备在国家集中体制下进行体育后备人才培养的能力。但在现实中，竞技体育的国际竞争力增强、商业化程度不断攀升，许多运动员在青少年时期全身心投入训练与比赛而忽视了自身的全人教育和全程教育，因此其在终止职业体育生涯后很难适应社会，并由此带来了一系列社会问题，这一主题近年来逐渐得到了社会学家与体育界的高度重视。而国外有关体育后备人才教育培养的专门性研究，我国学者对其间接性引用较多，而且在进行横向对比的同时，均以国外的培养体制、运行机制、培养模式作为比照，遗憾的是，可供直接参考的相关文献资料较少。在研究过程中，笔者收集到的专门研究国外后备人才教育培养的论文21篇、社会学理论书籍2本，其中涉及的主要研究内容和研究动向体现在如下几个方面。

（一）西方体育强国的竞技体育体制

20世纪60年代，西方竞技体育发展程度较高的国家就已经开始关注竞技体育成败因素的研究。研究动向已从关注运动员个人能力、技战术、教练员执教水平等转向了竞技体育可持续发展的保障系统——体制研究。研究的主流观点认为现代竞技体育在各国政治、经济、文化等多因素的共同助推下，特别是经济利益的驱动下，已然成为一个组织严密化、投入规模化、追求产出最大化的运作系统。21世纪初，由德国体育社会学教授迪格尔（H·Gigel）领衔的课题组对世界8个体育强国（美、俄、德、英、中、法、澳、意）的竞技体育体制进行了系统的比较研究，第一次将组织理论运用于体育体制研究中，并将各国的体育体制放在一个具有可比性的范围内进行了比较和讨论。该研究论述了这8个国家竞技体育体制的异同，梳理了各国的组织结构和基本运行方式，以及该国政治、经济、文化等对竞技体育体制形成的作用①。

（二）以美国为中心的体育后备人才培养模式

美国作为世界头号竞技体育强国，其体育后备人才培养模式备受世界各国的关注。美国主要通过专门的社会组织和社会私企依照20世纪70年代末颁布的《美国业余体育法》，并依托教育，以学校为中心，依靠学校的业余训练来对体育后备人才进行培养。小学是体育后备人才培养的业余基础阶段，中学是体育后备人才培养的集中阶段，大学是体育后备人才培养的专业阶段。美国的竞技体育和学校体育做到了协调发展，竞技体育建立在青少年体育教育普及与提高的基础之上。法国《队报》对美国职业篮球联赛（NBA）球员进行调查发现："迄今为止只有3位球员没有在大学打过篮球，90%的NBA球员来自全国大学体育协会（National Collegiate Athletiv Association，NCAA）293所大学的甲级队"，许多人在加入NBA前就已经

①缪佳，黄聚云，王菲．论中国传统文化思想与西方竞技体育精神的冲突和统一［J］．南京体育学院学报（社会科学版），2009，23（4）：68-71.

是较有名气的学生运动员了①。

（三）其他竞技体育强国后备人才培养的不同模式

各个国家在发展过程中都走过了不同的发展道路，也拥有不同的政治文化背景，因此各个国家也建立了与本国国情相适应的教育体系。在竞技体育人才培养方面，每个国家都会按照本国的实际需要确立适合自身发展的人才培养体系。例如，日本一直以来都十分重视群众体育的发展，因此日本体育后备人才的产生也是通过群众体育发掘具有潜力的青少年群体。日本的各级学校都十分重视体育教育，且学校体育高度开放，与群众体育联系紧密。社会中的体育人才可以进入校园进行专业指导，而学校也通过开放场馆和设施促进群众体育的发展。这就使得青少年能够获得很多参与体育训练的机会，使青少年运动员能够从小就得到专业的培训和锻炼。德国竞技体育的发展主要是以职业俱乐部为基础建立起来的。在政府的指导下，各个体育组织都成了发展体育的主体，各种俱乐部的建设让越来越多的人能够参与体育活动，并能够使运动员获得专业的训练。韩国体育人才的培养模式则是在政府的带领下，由大型财团提供资金、技术等资源共同完成对运动员的培养，使运动员能够为韩国的竞技体育服务。

（四）国外竞技体育后备人才培养管理机制及影响因素

国外对后备人才的培养大多依靠社会化发展模式，且这种培养模式已经有了较为成熟的社会基础和比较完善的运行机制，因此，在后备人才培养的管理上有可供我们借鉴的先进经验，他们在体育后备人才的培养上依托专门的管理机构，工作重点在组织与管理层面，而不是具体的操作层面。管理人员都是专业的行政管理人员，教练员均不参与管理。此外，体育后备人才的培养还需要健全的法制基础，运动员、教练员、资金等方面的管理均要建立在健全的法制基础之上。

①马志和，张林，郭培，等. 国外教育系统培养竞技体育后备人才的共性经验及其启示［J］. 上海体育学院学报，2005（1）：18-21，43.

（五）国外竞技体育后备人才培养训练思路和训练方法

西方国家体育后备人才培养模式的训练体系是建立在“还原论”基础上的，其训练模式则建立在有效增强身体素质的基础上，也就是在身体“硬件”强化上占有优势与实力。这种训练模式从人体的局部出发，针对身体结构，采取单方面拮抗性的训练手段，以提高人体运动的基本能力。而在对青少年进行训练时强调运动员的社会属性，因此采用整体训练法，更注重青少年训练的基础性和业余性，严格制定青少年业余训练的时间标准，把训练的效率建立在有限的时间内和科学的训练方法体系上。

综观国外后备人才培养的研究现状，虽然模式各异，但共同之处在于形成了“以市场为主，政府为辅”的机制，建立了与市场经济相吻合的小学—中学—大学或实业团体的教育培养模式和运行机制，这种经验值得我们借鉴。我国在竞技体育后备人才的培养上要立足于现状，依据我国的实际国情，借鉴发达国家的先进做法，这无疑有助于促进我国体育后备人才培养体制、机制和模式从计划经济体制向社会主义市场经济体制转变，从转型期向深化改革期过渡。

二、国内竞技体育后备人才培养研究现状

自20世纪50年代以来，从体育事业全面复苏到2008年北京奥运会成功举办的50多年来，我国竞技体育运动取得了辉煌的成就，同时在推动社会主义精神文明和物质文明建设中发挥了不可替代的重要作用。然而，随着社会的转型、社会主义市场经济体制不断完善，特别是党的十八届三中全会提出“全面深化改革的总目标是完善和发展中国特色社会主义制度，推进国家治理体系和治理能力现代化”的时代背景下，体育后备人才的培养同样面临着培养体系和培养能力提升的严峻形势，原因就在于过去在计划经济体制下建立起来的体育后备人才培养体制、运行机制和运作模式已经受到了时代发展的挑战。因此，我国广大专家、学者正在对体育后备人才培养的相关研究进行广泛而持久的探讨，并试图为未来的发展寻找一条可持续发展之路。通过整理和全面总结前人的研究成果，对我国后备人才培养的研究现实梳理总结出如下三个层面。

（一）竞技体育后备人才培养的宏观研究

本书将后备人才培养的宏观研究定位为制度层面的研究。这类研究主要以理论研究为主，视角多集中在中外竞技体育后备人才培养体制的对比，我国竞技体育后备人才培养体制、运行机制、运作模式的探讨，以及我国竞技体育体制下竞技体育后备人才培养的可持续发展研究三个方面。

1. 中外竞技体育后备人才培养体制的对比

鉴于我国竞技体育发展的时间较短，社会发展还处在转型期，在过去计划经济时代建立起来的竞技体育举国体制明显滞后于目前社会发展的现实状况。而国外经过100多年的发展建立起来的竞技体育体制，以及在这一体制下建立起来的体育后备人才培养制度已经有了比较稳定的社会基础和较为成熟的运作模式。因此，在当前中国竞技体育体制还处在深化改革和完善的转型期时，西方竞技体育强国的体育体制和体育后备人才培养模式自然能够为我国竞技体育发展提供有益借鉴。从当前国内对该问题的研究现状来看，其研究主要集中在如下几个方面。

（1）宏观层面上对体育后备人才培养体制形成的渊源进行对比。主要研究视角集中在中外后备人才培养体制的起源和演变。主要从各自的形成背景、指导思想、社会制度基础、经济基础以及法律保障、管理体制的组织结构特征、投资社会效益，以及奥运战略布局等方面进行研究。研究中的主流观点认为，西方竞技体育强国对体育后备人才的培养建立在成熟的社会基础、相对完善的法规体系、运作规范的管理机制之上，体育后备人才培养的社会化程度高，市场运作机制灵活等。同时也提出了我国体育后备人才的培养应借鉴西方竞技体育强国的成功经验，进一步转变政府职能，构建教育系统后备人才培养体系，并通过市场机制的调节作用，鼓励和动员社会力量参与后备人才培养，从而推进我国后备人才培养体制改革的步伐[①]。

（2）中观层面上对体育后备人才培养运行机制的现状进行对比。主要研究视角集中在中西方体育后备人才培养机制的运行特点、培养主体、影响

①董聪敏．中美竞技体育后备人才培养机制的对比研究［J］．军事体育进修学院学报，2008（2）：19-21.

因素、组织管理机构设置、各级竞赛制度等方面的对比分析。研究中的主流观点认为西方竞技体育强国对体育后备人才的培养依托教育，以学校为中心。政府职能以宏观管理为主，不参与具体的事务管理。组织管理机构中的指导原则与立法程序、项目设置、体育成绩与场地设施、内部管理体制、体育竞赛财政状况、后备人才的选材（招募方法）等方面都建立在比较完善的管理程序之上①。由此，有学者提出建立“开放的大教育”模式与“体教结合”模式是未来我国后备人才培养的主导模式②。也有学者主张我国体育后备人才的培养要建立在竞技体制和教育体制二者的高度统一、协调发展之上，如此才能从根本上解决后备人才健康、持续和快速发展的问题。

（3）微观层面上对体育后备人才培养过程中的具体运作模式进行对比。西方竞技体育强国的后备人才培养依托教育机构，而我国体育后备人才培养的具体运作模式主要集中在学校层面。有关这方面的研究主要集中在中外对后备队伍培养规模与选材覆盖面、受教育程度与出路、竞技水平和学校体育的影响、训练理念和方法的差异性等方面。主要观点有：其一，西方竞技体育强国后备人才队伍基础扎实，选材覆盖面广，真正建立在普及与提高的层面；其二，西方竞技体育强国对后备人才的培养以大学为主阵地，后备人才队伍受教育程度较高，一般不存在运动员退役后出现生存和发展的问题；其三，建立在学校体育普及与提高层面的竞技体育已经融入教育，学校体育在推动竞技体育发展的同时也推动了自身的发展；其四，西方运动训练理念、目的任务、思路评价，以及教练员工作等各方面和我国具有较大差异，充分体现了人本主义思想。因此，对西方后备人才培养思路，应该做到继承与发展、改革与创新、借鉴与扬弃。

如上所述，学者们从多角度对中外后备人才的培养进行了比较和阐述，一个共同的声音是“国外后备人才培养体制、运行机制及运作模式值得我国全面借鉴”。虽然这为我国竞技体育后备人才培养的未来发展提供了一定的理论基础和实践经验，但面对一个有深厚文化沉淀、对原有制度基础存在强烈依赖，以及具有中国特色的竞技体育发展现实来看，仅仅对各国竞技体育发展现状进行宏观考量显然还不够，一些更深层次的、可操作性的问题

①池建．论竞技体育与高等教育的结合［J］．北京体育大学学报，2003（2）：149-150，159.

②熊炎，杜鹏明，王涛．中外竞技体育后备人才培养模式比较研究［J］．山东体育科技，2008（2）：10-12.

还有待进一步具体分析和研究。

2. 我国竞技体育后备人才培养体制、运行机制、运作模式的探讨

体制、机制和模式是各学科领域，特别是社会科学研究领域的热门词汇，体育学科也不例外。通过对有关竞技体育后备人才培养体制、运行机制，以及运作模式的相关文章进行梳理总结，发现研究内容主要集中在如下几个方面。

①后备人才培养体制（机制、模式）的历史回顾。其主要观点有：第一，认为当前我国竞技体育后备人才培养体制是计划经济时期的延续；第二，认为我国竞技体育后备人才的运行机制正处在从计划经济体制向社会主义市场经济体制的转型阶段。也有学者提出我国竞技体育人才培养模式大致可以分为“金字塔式”“塔楼式”“迁移式”三种并存形式[①]。

对竞技体育后备人才培养体制（机制、模式）的现状进行分析，主要有以下内容：第一，随着社会发展，竞技体育后备人才培养已经表现出对传统培养模式的质疑，那种形成于计划经济体制下的体育后备人才培养模式带来的一系列社会问题必须得到正视，并对出现的具体问题进行分析；第二，对改革开放以来涌现的几种培养模式及其在实际运行中产生的效果进行探讨。有学者认为，高校培养体育后备人才问题的关键不在于能与不能，而在于缺乏对体制转换的认识、规划、投入，以及完整的政策与制度保障等[②]；第三，对当前存在的几种体育后备人才培养模式进行对比分析，并试图从中找出各自在发展中的优势和劣势，期望找到彼此共同发展的途径，或整合各自发展的契合点。同时，也有学者从实证的角度对某省市采用的有别于传统体育后备人才的培养机制进行经验总结和政策分析。

②后备人才培养体制（机制、模式）的发展趋势研究，主要观点有：第一，完善现有的培养体制，允许多种培养体制并存，并实行资源共享、优势互补；第二，体育后备人才培养机制应适应社会发展的需求，完善其培养机制，走社会化发展的道路；第三，体育后备人才的培养要回归体育的教育功能，走教育培养、学校化发展的应然途径；第四，改革现有的体育后备人

①汪海燕，陈长庚. 对我国竞技体育人才几种不同培养模式的再认识［J］. 山东体育学院学报，2005（1）：27-29.

②熊晓正，郑国华. 我国竞技体育发展模式的形成、演变与重构［J］. 体育科学，2007（10）：3-17.

才培养体制，建立多元化后备人才培养模式。

3. 我国竞技体育体制下竞技体育后备人才培养的可持续发展研究

站在时代发展的角度，我们在肯定已有的竞技体育体制取得巨大成就的前提下，不得不立足于这一体制的现实需求，再谈体育后备人才培养的可持续发展。有关这方面的代表性研究主要有如下三个方面。

①从社会发展的角度对竞技体育后备人才培养的可持续发展进行了探讨。例如，面对当前所提倡的建立节约型社会、两型社会，以及后奥运时代的来临，如何促进竞技体育后备人才培养，以适应不断变化的社会发展的需求。另外，还有基于某种理论对竞技体育体制的研究。例如，有学者从“反现代化”理论假设对举国体制进行了思辨，认为对我国竞技体育相关体制进行持续的“反现代化”思考是不可或缺的。通过“反现代化”思考，可以在现代化过程中对中国竞技体育带来的负面影响进行深刻的揭示与判明，从而对现代化发展进行有效的监督和牵制，更有利于中国竞技体育的发展[①]。还有学者从非均衡发展理论分析了当前中国竞技体育在项目布局、运动成绩、运动队建设、市场培育等方面存在的诸多差异和面临的主要任务，认为非均衡发展战略可作为我国竞技体育的科学选择。选择适合我国国情的发展模式应该从打造优势运动项目品牌、建设高校特色运动、形成“城市圈竞技项目”等发展形势入手。

②从教育发展角度和人力资本视角探索了竞技体育后备人才可持续发展的对策。例如，有学者从教育公平的角度对当前我国体育后备人才培养中文化教育的缺失问题进行了批判性思考。

③从多维视野下探究对竞技体育特征的认识，进而对竞技体育体制进行了理论研究。例如，我国著名学者谢雪峰教授在《多维视野中的竞技体育特征》一文中以其深邃的洞察力、扎实的理论功底、实事求是的学术精神对我国竞技体育体制，特别是举国体制的特征进行了精辟的概括。认为“体育领域的举国体制与国家其他相关领域的体制没有任何实质区别。在当年的计划经济体制下，我国的教育、文化、卫生、体育、国防等可以说都是‘举国体制’”。由此看来，体制的问题不在于是否“举国”，而在于

①赵均，许婕. 全球主义、国家主义与中国竞技体育［J］. 体育学刊，2009，16（3）：15-18.

究竟是政府主导还是民间力量主导，究竟是计划主导还是市场主导[①]。也有学者从治理视角下对中国体育管理体制改革进行了理论研究[②]，从生命视角下对竞技教育进行反思[③]，以及从当前学术界、理论界对我国竞技体育改革中存在的“体制迷恋”现象展开学术商榷与回应。

关于竞技体育后备人才培养的可持续发展问题，众多专家和学者都对其进行了深入的调查研究，也取得了一定的成果，在各方的共同努力下，初步构建出了促进和推动我国竞技体育后备人才培养可持续发展的总体思路：通过体制创新进一步深化竞技体育后备人才培养管理体制的改革，促进竞技体育后备人才培养运行机制的变换。总结起来就是，逐步建立符合现代社会发展要求和竞技体育人才成长规律、由国家调控、依托社会、自我发展、充满生机和活力的竞技体育后备人才培养管理体制和良性循环的运行机制[④]。

（二）竞技体育后备人才培养的中观研究

1. 竞技体育后备人才的文化素质教育

早在20世纪80年代，我国就意识到了竞技体育后备人才的文化素质教育问题，也提出了相关政策，实施了一些缓解措施并取得了一定成效。但从近40年的发展来看，不断出现的一系列社会问题再次说明了我们并没有从根本上解决这一突出存在的社会问题，该问题也引起了一些专家和学者的热议，但其主要研究还停留在理论层面的思考。

①关于我国竞技体育后备人才文化素质教育问题的现状报告。我国学者虞重干教授针对当前我国运动员培养中学训矛盾突出、体育和教育发展不协调，以及由此带来的一系列现实矛盾，对我国竞技体育后备人才的文化素质教育问题进行了较为全面的调查和现状分析，并从宏观层面提出了各地体

①谢雪峰．多维视野中的竞技体育特征［J］．体育科学，2008（5）：74-80.

②鲍明晓，李元伟．转变我国竞技体育发展方式的对策研究［J］．北京体育大学学报，2014，37（1）：9-23，70.

③方千华．论竞技运动与城市的融合［J］．西安体育学院学报，2008（5）：1-5.

④张凤珍．我国竞技体育后备人才培养体制的现状分析及对策［J］．体育与科学，2008（2）：69-71.

育行政部门要加强优秀运动队的文化建设和教育环境与氛围的建设、增加经费投入进行文化教学设施建设、逐步规范义务教育并将其纳入当地教育行政部门的业务指导范围、对已完成义务教育的运动员应以体育职业教育为主、将运动员文化学习态度与领队和教练员的考核挂钩、加强对运动员文化教育工作的检查与评估等具体的解决措施。

②关于我国竞技体育后备人才文化教育体系构建的思考。有学者针对当前我国青少年运动员业余训练与文化教育的现状分析其培养体制、学训关系等方面存在的问题，提出了构建多元文化教育体系的建议。也有学者在回顾我国优秀运动员文化教育方针政策的基础上，对运动员文化教育实践和理念上存在的问题进行了反思，并分析了进行文化教育的必要性，提出当前我国优秀运动员的文化素质教育应加强对文化课的学习，营造良好的文化环境和文化氛围，深入贯彻落实《中华人民共和国义务教育法》，发挥举国体制的优势，构建体育系统内的教育体系。也有学者通过分析普通高校和高等体育院校各自的资源优势，提出将普通高等学校和体育院校进行资源整合，实现优势互补，以解决后备人才的文化素质教育问题[①]。

③关于我国竞技体育后备人才走教育系统培养之路的理论分析。有学者通过对竞技体育与教育的关系、学校开展竞技体育对我国现代教育的意义，以及竞技体育与教育有机结合对我国竞技体育的意义等方面进行理论分析，提出了构建以教育系统为核心的竞技体育后备人才培养体系的理论框架，并从创新教育系统培养后备人才的管理体制、建立教育系统培养后备人才体系的动力机制、普及和提高相结合，以及改革教育系统内部竞技体育的竞赛制度四个方面对构建的后备人才体系提出了具体的实施措施[②]。也有学者根据当前我国大、中、小学培养优秀体育后备人才的具体实践，描绘了大、中、小学优秀体育后备人才一体化培养的实践模式，同时针对实践模式要求解决和力求解决的问题建立了相应的理论模式，并通过对两种模式的比较，提出了对我国大、中、小学优秀体育后备人才一体化培养的观点和看法。

①吴贻刚．普通高等学校与高等体育院校高水平运动员训练与文化教育资源利用的探讨［J］．体育科研，2005（4）：84-86.

②谭晓缨．构建我国教育系统培养竞技体育后备人才体系的理论研究［J］．北京体育大学学报，2008（6）：812-814.

不可否认，以上研究为我国依托教育系统培养竞技体育后备人才的未来发展提出了很好的思路和可供参考的理论依据，是值得肯定的。但如何解决竞技体育后备人才培养对原有体制的依赖、改革中滋生的惰性与畏难情绪，以及建立这样一种新的培养机制要解决的一系列矛盾等问题依然存在。显然，面对这些问题，以上这些理论思考还是远远不够的。

2. 省区市等区域性竞技体育后备人才培养

我国竞技体育呈现出非均衡发展状态，形成了以北京、上海、广东为首的经济和竞技体育强省，以及由此带来的以这些城市为中心的竞技体育区域性发展不平衡和项目发展不平衡的现实状况。这种非均衡的发展状态也带来了我国竞技体育后备人才培养问题的显著性差异。这种差异主要体现在竞技体育后备人才培养的模式、规模、质量、发展动力等方面。从这方面的研究动向来看，专家、学者们多站在实践的角度对体育后备人才培养的问题进行研究主要从现状分析和未来发展两方面进行，具体研究领域如下。

（1）省区市竞技体育后备人才的研究。主要研究视角有：①对各省区市竞技体育后备人才培养现状和发展进行了对策研究。当前主要集中在对北京、上海、浙江、江苏、广东、山东等竞技体育强省（市）的现状分析和以四川为代表的西部地区竞技体育后备人才培养研究；②对各省区市竞技体育后备人才培养的影响因素及面临的主要问题进行了分析。例如，有学者对影响江苏、浙江、上海的竞技体育后备人才培养的主要因素进行了分析后发现，管理体制、训练科学化水平、训练投入、运动员学习与出路等是制约其高水平后备人才培养的主要因素[①]；③对各省区市竞技体育后备人才培养进行了对比分析。其研究视角主要聚焦于当前我国竞技体育后备人才培养中，东西部发展不平衡和项目间发展不平衡的现实情况。

（2）区域性竞技体育后备人才培养的研究。主要对经济发达的长三角、珠三角地区和经济欠发达的西部地区竞技体育后备人才培养的现状进行了分析和对其未来的发展进行了构想。

---

①李建设．竞技体育人才培养与管理体制转型的“浙江实践”探索［J］．体育科学，2012，32（6）：3-13.

（三）竞技体育后备人才培养的微观研究

1. 竞技体育后备人才培养的影响因素

作为竞技体育发展过程中的核心因素——后备人才培养，无疑会受到来自社会、家庭和个人三个方面的影响，每个方面又有不同的影响因素，这些影响因素又会错综复杂地交织在一起对竞技体育后备人才的培养产生影响。因此，对这些因素进行分析将有助于我们认清目前所面临的形势，把握竞技体育后备人才培养的特征、本质和培养系统的内外部环境，为探索未来竞技体育后备人才培养的可持续发展打下基础。

从当前研究现状来看，对我国竞技体育后备人才培养影响因素的研究主要集中在以下三个方面：第一个方面，传统的竞技体育后备人才培养体制的影响因素分析。长期以来，我国采用的都是举国体制下的三级训练网后备人才培养模式，随着社会的不断发展，竞技体育后备人才培养在不同的社会时期均受到来自社会、家庭、个人多方面的共同影响，且这些影响因素处在一种动态的变化过程中。因此，专家学者们在对我国竞技体育后备人才培养进行研究的过程中从来没有停止过对其影响因素的挖掘和分析，只不过是研究的视角不同而已，有从宏观层面对传统竞技体育后备人才培养模式的整体思考，也有从区域性或者省区市的中观层面对竞技体育后备人才培养影响因素的探讨，更有从微观层面针对某一具体项目的后备人才培养影响因素的分析；第二个方面，转型期我国竞技体育后备人才培养采用的运作模式及其影响因素的分析。改革开放以来，我国一直处在由计划经济时代向社会主义市场经济时代转变的时期。在40多年的发展过程中，竞技体育后备人才的培养逐渐涌现出体教结合、教体结合、俱乐部模式、校企联合、院校化发展模式、社会化模式等多种培养模式共存的局面。因此，这些运作模式下的影响因素分析成为近年来探讨竞技体育后备人才培养的重点；第三个方面，后奥运时代竞技体育体制改革下的竞技体育后备人才培养影响因素的探讨。2008年北京奥运会既是我国竞技体育史上的精彩时刻，也是我国竞技体育发展承前启后的新起点。面对这一具有历史意义的转折点，特别是在竞技体育体制改革已提上具体日程之时，对竞技体育体制改革下的后备人才培养越发引起了专家学者们的关注，而对其后备人才培养模式影响因素的分析自然也成为学界研究的主要视角。

2. 某一运动项目竞技体育后备人才的培养模式

不管是立足于传统的竞技体育后备人才培养模式，还是面对改革开放以来的多种培养模式共存的现实情况，学界对人才培养的研究大多集中在共性层面的探讨。按照奥运会对运动项目的分类，夏季奥运会有37个大项，冬季奥运会有7个大项。每个项目在后备人才培养中都有其共性的一面，更有其个性的一面，在实际发展过程中也确实如此。每个项目发展存在社会基础不同、市场化前景不同等现实情况，呈现出竞技体育后备人才培养的基础、规模、运行机制等方面的差异。因此，有学者对我国某一项目的后备人才培养机制进行了探讨。从研究现状来看，主要集中在对当前我国优势竞技体育项目（体操、跳水等）和大众化参与项目（篮球、足球、排球等）的后备人才培养机制进行的探讨。其研究内容主要包括如下三个方面：①某一运动项目后备人才培养机制的历史回顾。主要集中在后备人才的培养特点、社会基础等方面。②某一运动项目后备人才培养机制的现状分析。主要集中在后备人才培养的动态变化、影响因素分析，以及不同项目间后备人才培养的对比分析等方面。③某一运动项目后备人才培养机制的未来发展。主要集中在发展对策、规模设计、发展模式设想等方面。

第六章 体教融合竞技体育人才培养模式探索

第一节 优秀运动员人才的培养路径

一、优秀运动员人才培养模式构建的指导思想

（一）坚持以人为本的指导思想

建立体教融合的人才培养模式，应以使体育院校树立以人为本的理念为指导思想，切实保障体育人才的成长。

运动员的成长之路需要付出无数的汗水和泪水，从基础技能的培养到成长为优秀的运动员要经历一个非常艰苦的过程。运动员成长的关键阶段在于青少年时期，因此学校的体育教育占据着十分重要的位置。坚持以人为本就是要从运动员的个人成长出发，满足运动员的发展需求，为运动员创造良好的训练和学习环境。当今时代，运动员要成长不仅要实现运动技能上的提升，也要在文化素养方面不断进步，因此体育学校要从综合方面考虑，加强运动员的文化知识教育，让运动员掌握适应社会的能力。

当前社会的教育模式要求人们具备终身学习的能力，能够满足个人发展中对新知识和技能学习的需求。因此，坚持以人为本也就是要让运动员能够掌握良好的学习能力。一方面，在运动员的运动生涯期间，运动员要获得竞技技能和知识技能的提升；另一方面，当运动员的运动生涯结束后，运动

员也能够通过新知识的学习，快速适应社会的发展，以便使自己能够胜任新的工作岗位。

（二）坚持学训课程科学化的指导思想

体育院校在体教融合模式的探索中，要使学训课程实现科学化发展，体育院校在课程设置中不能盲目为运动员增设文化课程，而是要让所增设的课程符合运动员发展的实际需要。由于文化课程拥有一定的整体性和逻辑性，因此需要运动员付出一定的精力来进行学习，而同时，运动员在进行体育训练的过程中也要付出较大的努力。因此，体育院校不能强制要求运动员拥有和普通院校学生一样的文化水平，在文化课程的设置上要按照运动员的基础水平来制定。体育院校文化课程的设置一方面要符合体育院校的发展规律，另一方面又要能够切实帮助运动员获得知识和技能，如果盲目开设一些难度较大的文化课程，不仅达不到良好的学习效果也会影响运动员的训练水平。

（三）坚持计划实施连续性的指导思想

体育院校教学计划的实施要有可行性和科学性，同时计划实施要具备连续性，政策要能够适应学校的人才培养目标和规格。有些体育院校制订的教学计划由于不具有可行性，在实际的实施中会产生许多问题，最终导致教学质量的下降。有些院校在计划的制定上脱离实际情况，尤其是无法适应运动员成长的需要，这样既会使运动员的竞技成绩受到影响，也不能让运动员获得更多的文化知识。因此，发展体教融合应当从科学的角度出发，让各项计划都能够符合实际需求。在计划的实施过程中，要制定出合理的方案和评价标准，使学校的教学计划能够贯彻到各个部门。

二、优秀运动员人才模式的结构

在过去的体育管理制度下，我国运动员的培养模式集中在对其运动技能的培养上，这可能会使运动员成为只会适应赛场的选手，这样既会导致运动员的综合素质不高，也使这些运动员无法适应一般的社会生活。在新的时代背景下，我国正在弥补过去运动人才培养模式的缺陷，推出了“体教结合”的发展模式，让教育在运动员的成长中占据主导作用。在这种模式下，全社会要重新确立人才培养的总体目标和方向，重新认识运动员的社会价值，并在教育方法和教育内容上作出创新，为社会培养更多优秀的运动员。

优秀运动员人才模式的结构可以分为多个方面，包括体育技能、身体素质、心理素质、人际交往能力、领导力等多个维度。

（一）体育技能

优秀运动员的首要特征是拥有卓越的体育技能，这包括在特定运动项目中的技术娴熟程度、战术运用能力、比赛经验等。体育技能是优秀运动员脱颖而出的基础，是他们在竞技体育领域中表现卓越的核心要素。

（二）身体素质

身体素质包括身体机能、爆发力、耐力、柔韧性等方面，优秀运动员需要有出色的身体素质，以适应不同运动项目的要求。身体素质的好坏直接关系到运动员在比赛中的表现，是他们能否在激烈竞争中脱颖而出的重要因素。

（三）心理素质

优秀运动员需要具备良好的心理素质，包括抗压能力、意志力、自信心等。心理素质直接关系到运动员在比赛中的发挥，对于应对压力、保持专注、处理失败等方面的表现至关重要。

（四）人际交往能力

运动员往往需要与教练、队友、对手等各种人群进行有效的沟通与合作。优秀运动员应具备良好的人际交往能力，能够建立团队协作、处理人际关系，共同推动整个团队的发展。

（五）领导力

在团队中，运动员需要展现出领导力，激发团队士气，指导队员，与教练共同制定战略，使整个团队更好地迎接挑战。

（六）学业素养

优秀运动员在培训和比赛之外，也需要有较好的学业素养。这包括正常的学业表现、学科知识的广度与深度，以及学习能力的提升。良好的学业素养不仅有助于运动员更好地应对退役后的生活，还有助于培养全面发展的运动员。

（七）公民素养

作为社会的一员，优秀运动员需要具备良好的公民素养，包括法律观念、社会责任感、公益参与等。这有助于他们在退役后更好地融入社会，为社会的发展做出积极贡献。

这些方面相互交织、相辅相成，共同构成了一个完整的优秀运动员人才模式。这一模式的构建旨在培养出不仅在竞技体育领域表现卓越，同时在社会各个方面具备全面素质的运动员。

三、优秀运动员人才培养目标的科学定位

在过去的人才培养模式下，我国主要的培养目标就是提高运动员的体育竞技能力，但这种模式的弊端是不利于运动员的长远发展，导致运动员在退役后无法适应社会。在体教融合的新模式下，各个体育院校不仅要对运动员的职业生涯负责，还要对运动员的人生发展负责。这要求体育院校要适应社会发展的要求，科学定位人才培养的目标。

我们需要看到，运动员的职业生涯在其人生中只占很少的一部分，在退役之后运动员还要返回社会，去适应社会的生活。运动员将自己最辉煌的青春岁月献给了国家的体育事业，在退役后虽然光环不再，但也不应被社会忽视。这就要求我们要培养运动员综合发展的能力，使其在退役后的再就业过程中继续保持优势。

所以，体育院校在定位人才培养目标的过程中要做到体育专业和文化课程的协调发展，其中文化课程的设置要与运动员个人的发展及社会整体的需求相配套，让运动员能够具备参与社会实践的能力。在科学目标的指导下，突出特色化的教学内容，全面提高运动员的基础能力，最终将运动员培养成为能够适应社会发展的应用型、复合型人才。

四、优化优秀运动员的课程设置体系

按照体教融合的新思路，体育院校在课程的设置上要有别于普通高校，从体育发展的规律和运动员的特点出发，在课程上显示出体育事业发展的独特性。因此，体育院校文化课程的设置也要做到从体育运动中延伸出来，结合运动员综合素质成长的需要，合理制定课程计划。例如，当代社会要求运动员具备优秀的竞技能力、道德素养和体育科学知识，因此体育院校的文化课程就需要进一步加强思想道德课程、体育相关科学课程和人文课程的设置。同时，体育也是一门实践性较强的科学，因此院校在课程设置中应该增加运动员社会实践的课程内容，让运动员能够在具体的实践中提高适应社会的能力，而不是只满足于书本上的知识内容。

总之，体育院校的课程体系要突出其特色和亮点，既要能够体现运动员这一职业的特点又要满足运动员自身长远发展的需要。而检验课程的合理性关键不在于课程设置是否全面，而是要看运动员的社会实践情况。

在优化优秀运动员的课程设置体系时，需要综合考虑其体育训练、学业发展、心理健康等方面的需求，以实现全面素质的培养。

（一）专业体育训练课程

1. 基础体能训练

包括力量、速度、耐力、柔韧性等方面的基础训练，为优秀运动员打下身体素质的基础。

2. 专业技能课程

针对具体运动项目，设置相应的专业技能培训，包括技战术训练、比赛模拟训练等。

3. 康复与保健

针对运动员在训练中的受伤风险，设立相应的康复与保健课程，加强运动损伤的防范和康复治疗。

（二）学科学业课程

1. 学科基础课程

在保障体育训练的前提下，设置学科基础课程，涵盖语文、数学、英语等学科，以提高他们的学科素养。

2. 体育科学课程

引入运动生理学、运动心理学、运动营养学等体育科学课程，帮助运动员更深入地了解运动机理。

（三）心理健康与心理辅导

1. 心理素质培养

提供心理素质培训，帮助运动员保持积极的心态、增强抗压能力，更好地应对比赛和生活的压力。

2. 心理辅导课程

定期进行心理辅导，解决运动员在心理层面的问题，促进其全面健康发展。

（四）人文素质培养

1. 文化课程

引入文学、历史、哲学等文化课程，以提升运动员的人文素养，培养广泛的兴趣爱好。

2. 社会责任感培养

培养运动员的社会责任感，引导其关注社会问题，参与公益活动，发挥积极的社会作用。

（五）职业规划与就业辅导

1. 职业规划

提供职业规划课程，帮助运动员了解不同领域的职业选择，规划未来的职业生涯。

2. 就业辅导

针对运动员的专业特长，提供相应的就业辅导，协助其顺利过渡到职业生涯。

（六）社交与人际交往培训

1. 社交礼仪

教授社交礼仪和人际交往技巧，培养优秀运动员在社交场合的自信和得体表现。

2. 团队协作

进行团队协作训练，帮助运动员更好地与队友、教练等协同工作。

（七）体育文化传承

1. 奥林匹克文化

介绍奥林匹克文化，弘扬奥林匹克精神，激发运动员的爱国情怀和拼搏精神。

2. 历史传承

通过体育史、运动员事迹等课程，传承体育文化，激发运动员对运动事业的热爱。

（八）创新创业培训

1. 创新思维

提供创新思维培训，鼓励运动员在训练之外培养创新意识。

2. 创业机会

探讨运动员在退役后的创业机会，为其未来职业生涯做好准备。

通过以上的课程设置，可以实现优秀运动员在完成体育训练的同时，全面发展各方面素质，为其未来的职业生涯和社会融入奠定坚实基础。

五、建设高水平、高水准的术科师资队伍

体育院校提高自身的教学质量，离不开一批高水平术科教师队伍的支持。高水平的教师队伍不仅可以帮助运动员提升运动技能，也能提高运

动员的文化素养，养成运动员自主学习、终身学习的能力。在具体的实践中，许多体育院校在选聘和评价教师时，主要是依据教师过去的履历，即主要考察的是教师指导过的队伍和运动员及其取得的成绩。这种方法突出了经验主义，但却不能完全体现教师的真实水平。要想建立一支高水平的教师队伍，还要从多个方面进行综合评价。尤其是在体教融合的模式下，文化课的教师更应该具备深厚的理论知识和较强的课堂教学能力。同时，体育院校也应该加强对教师队伍的培养力度，让教师能够在实践中获得教学能力的提升。

总之，体育院校术科教师队伍的建设关键在于人才的培养。在时代变革不断加速的背景下，教师不能只按照过去的经验来进行教学，而是要通过技能培训不断获取新的思想理念、创新教学方法，以此提高教师自身的综合能力。因此，体育院校应该针对本学校的发展情况和教学目标，建立起完善的教学科研、人才培训体系。图6–1所示为体育院校构建高水平、高水准术科教师队伍的路径。

按照图6–1中术科师资队伍建设的相关要求，体育院校应该建立自己的教学科研部门，该部门的主要任务是吸收和分析国内外先进的体育教学经验，以便于掌握最新的教学思想与教学方法，使其能够为本校的教学服务，学校应该在科学理论的带领下建立一套科学的师资人才培训体系。一是在队伍的结构上体现阶梯性，主要体现在知识结构和年龄结构等方面。既要发挥年长教师的作用，更要为年轻的教师群体提供成长空间，使学校的师资年龄梯队合理发展，使学校师资具有传承性，后继有人。二是要率先提高师资队伍的文化素质，实现教师队伍向高学历发展。教师的文化素质是提升运动员文化素质的关键，只有高素质的教师，才能做好体育院校文化课程教学的工作。三是以“重基础、重素质、重学历”的新形势引进术科教师，使术科教师有为完成学历的深造而主动学习的紧迫感，使优秀运动员主动加强对学习的认识，从而达到术科教师队伍的层次化。四是完善对教师队伍的考核体系，通过综合性的评价手段科学选拔优秀的骨干人才。同时，要加强与国内外运动领域的学术交流，派遣优秀教师到建设水平较高的学校和发达地区进行学习，为学校不断吸收新的思想和理念。此外，要建立一定的奖励机制，鼓励术科教师的教学创新工作，让教师积极投身于教研工作。通过这些举措，让体育院校教学运行实现规范化、可持续发展。

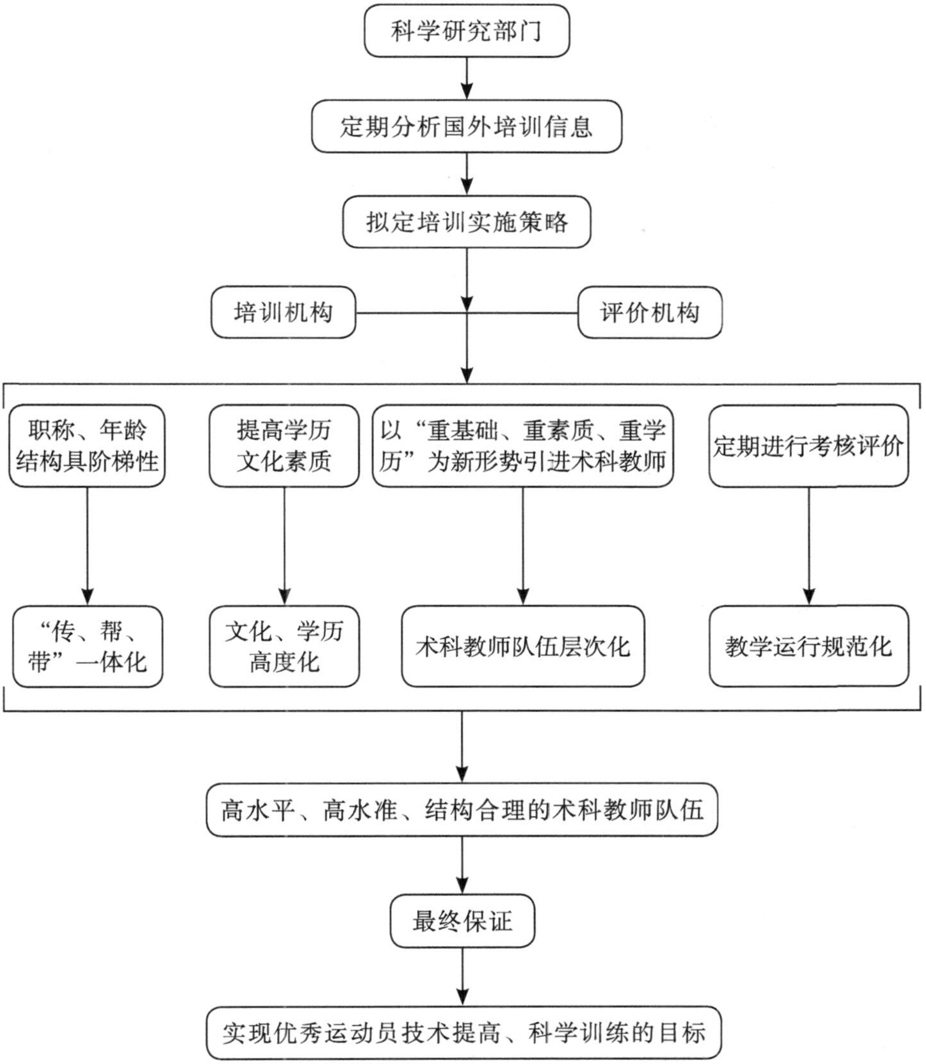

图6-1 体育院校构建高水平、高水准的术科师资队伍的路径

六、建立理想的教学管理运行机制

科学合理的教学管理机制有利于体育院校深入推进体教融合改革，并能有效提高各个学科的教学质量。体育院校教学管理机制的建设应该从以下几个方面入手：首先，应以学生为本，按照运动员的培养规律建立动态化的

学籍管理制度。由于运动员要兼顾文化课学习和体育训练，因此他们的求学过程始终处于动态，因此，实行动态的学籍管理能够如实反映运动员的变化情况，体现学校对运动员的关注，更好地帮助运动员学习和训练。其次，要按照运动员的实际需求制定灵活的教学方案。学校要根据运动员体育训练的强度变化及时调整教学策略，体现学习和训练的张弛有度，确保青少年运动员的健康成长。另外，体育院校的课程安排也要根据运动员参与赛事的安排来进行，确保运动员的体育竞技发展不受影响。最后，对于优秀运动员，可以适当延长学期。对于优秀运动员来说，他们有进入省队或国家队比赛的机会，在比赛中获得优秀成绩是他们的重要任务，因此体育院校要对这些优秀运动员的比赛任务给予支持，可以建立灵活的学分制和学期制，让运动员根据自己的情况延长学习时间，运动员可以通过累计学分，完成学校的教育，让他们能够在竞技比赛中发光发热。

七、建立科学合理的组织管理体系

体育院校在我国的高等教育体制和体育事业格局中都发挥着不可替代的作用。体育院校的主要任务不仅是为国家培养优秀运动员，也要为社会培养体育行业的专业人才。在组织管理体制上，我国的体育院校具有体育和教育双重属性，故而许多体育院校通常会受到体育部门和教育部门的双重管理。在教育改革中，体育院校在组织管理上也存在一些制度不科学的问题，许多部门职权不清、管理混乱，影响了体育教育的进一步发展。为了加强体教融合的改革，体育院校需要在管理制度上深化改革，全面提高运动员体育技能和文化知识水平。

图6-2展示了一种科学的组织管理体制模型，能够使体育院校各个主管部门和分支机构的职权更加明晰。在宏观管理上，国家和省级的体育部门、教育部门可以形成两个层次的领导机构，主要发挥把控全局的职能，为体育教育提供政策指导，为体育院校构建良好的发展环境，两个主管部门应该建立良好的协作机制，共同促进体育院校的健康发展。在体育院校内部，应该围绕体育和教育的两条线，分别建立学校内部的体育管理部门和教育管理部门，同时围绕科研和创新任务建立起独立的科学研究部门。这些部门应该明确分工、协调发展，保障运动员的全面成长。

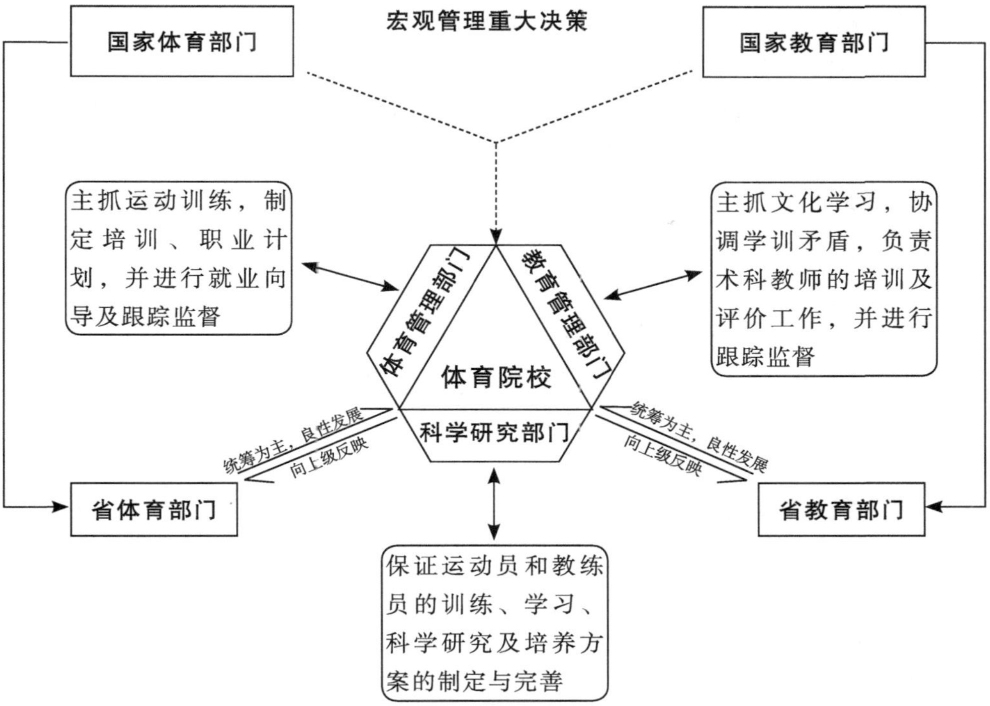

图6-2　科学的组织管理体制模型

机构改革的具体内容如下：①体育部门应当以运动员的训练、比赛为主，要根据国家及省级体育部门的安排对运动员进行统一的管理，帮助运动员在运动生涯中进行合理的规划。②教育部门应以运动员的文化课程学习为主，要按照培养实用型人才的要求，合理安排文化课程。进行训练的同时，让运动员能够根据自己未来发展的现实需求，接受其他的知识、技能教育，保障运动员能够适应社会发展的要求。教育部门的另一项职责是帮助体育院校建立高水平的术科教师，通过建立人才培养体系与人才评价体系，促进教师队伍教学水平的不断提升。③体育院校要针对创新发展的要求建立科学研究部门，该部门的主要任务是针对运动科学和运动员的发展，对训练、运动技术、体育科学等相关课题进行研究，保障体育教育事业的科学发展，同时提高院校的自主研发能力。

新的组织管理体制让体育部门和教育部门并列运行，确保了学习的内容在教育和体育两个方面的协调性。在运动员的培养过程中，体育部门主抓训练，教育部门主抓文化教学，使两个部门分工更加明确，同时职权上相对独立，这样能够保证运动员的成长不会出现偏差，获得全面发展。同时也应该注意到，在这种管理机制下体育和教育的两个部门要做好协调与合作，在具体的教学管理中要制定统一的计划，避免各个部门在具体实施中产生冲突，影响了运动员的发展。

第二节　体育院校竞技体育后备人才培养的优化方案

一、体育院校竞技体育后备人才培养模式优化的指导思想

英国的著名哲学家培根在著作《习惯论》中这样说道：“思想决定行为；行为决定习惯；习惯决定性格；性格决定命运。”①这充分说明，对于个人来说，思维对于实践有重要的能动作用，思想是影响人的行动和命运的一个重要因素。同时，对于一个组织来说，组织的社会活动需要在科学的指导思想下才能进行，指导思想的正确与否，影响着一个组织在社会大环境中能否得到长远发展的机会。体育院校作为社会中重要的教育机构，要想提高教学质量，使学校获得长远发展，就需要用发展的眼光看问题，树立正确的指导思想。

（一）坚持以人为本的指导思想，真正做到人文教育

在新时代背景下，促进人的全面发展越来越得到全社会的认可，因此体育院校也应坚持以人为本的思想来推进其教育模式的优化改革。对于体育院校来说，以人为本就是要以学生的需求和发展为本，按照学生在运动生涯阶段和退役后阶段的需求开展具体的训练和教育，以此全面保障学生的健康发展。此外，体育院校要针对目前运动员还普遍存在的文化教育不足的问题加强人文教育，帮助运动员补齐短板，提高运动员的思想道德素质和科学文

①赵振杰. 习惯教育论：一种教育哲学的思考向度［M］. 杭州：浙江大学出版社，2008：36-108.

化素质，使运动员能够适应时代发展的要求。

1. 竞技体育的人文教育思想

竞技体育的人文教育思想强调在培养卓越运动员的同时，也要注重他们全面素质的培养，弘扬人文精神、倡导道德品质，使运动员在竞技生涯中既能取得优异成绩，也能成为品德高尚的社会人才。这一思想的核心在于将竞技体育视为塑造人格、陶冶情操、培养领导力的重要平台。

首先，竞技体育的人文教育思想强调培养运动员的全面素养。除了专业技能，运动员还需培养团队协作能力、领导力、创新能力等综合素质。通过体育训练，培养运动员人际沟通、团队协作等社会交往能力，使其在竞技场上更好地发挥领导作用。其次，这一思想注重对运动员道德品质的培养。竞技体育既是竞争，更是团队合作，强调的是公平竞争、诚信为本的竞技风格。教练员要在运动员的日常训练中灌输正确的道德观念，引导他们在比赛中崇尚公正、尊重对手，培养体育精神和奥林匹克精神。再次，人文教育思想注重对运动员的人格陶冶。通过精心设计的体育课程和训练计划，培养运动员的自律、坚韧、逆境应对等品格，使其具备积极向上的人生态度。这不仅有助于运动员在竞技生涯中更好地应对挑战，也对其日后的职业和社会生活产生积极影响。又次，竞技体育的人文教育思想强调关注运动员的身心健康。通过科学的体育训练、合理安排比赛，保障运动员的休息和康复，确保他们身心得到全面的发展。最后，关注运动员在学业、职业发展等方面的需求，为其未来的人生规划提供支持。

总的来说，竞技体育的人文教育思想不仅关注运动员在竞技场上的表现，更注重其在人格、道德、社会交往等方面的全面发展。这一思想的实施有助于培养更具人文关怀的体育人才，为社会提供更多具备领导力和责任心的卓越人才。

2. 人文教育与竞技的升华

教育从本质上来说是为人的成长服务的，其最终的目标是实现人的全面发展。然而由于各方面因素的影响，当前的教育陷入物化教育的困境，过分强调学生知识技能的提高，强制性地按照学校、家庭和社会的意志来塑造人才，这种现状反而限制了人才的发展，制约了人才的创造力和主观能动性。全社会都应该认识到，人是教育的目标而不是教育的手段，更不是教育的工具，如果教育脱离了人本主义就会失去其存在的意义，因此人文教育应该在各级、各类学校中都得到应有的重视。

这里提到的人文教育，是指对体育院校学生所进行的针对人性境界提升、在人格塑造，以及个人与社会之间价值实现等方面的教育，其实质是人性化的教育，核心是涵养人文精神。这种精神的培育需要学生接受到广泛的文化知识滋养、高雅的文化氛围渲染、优秀的学习风气熏陶，以及获得技术实践的深刻体验等。对于体育院校来说，人文教育就是从运动员的个人发展出发，培养运动员的综合素养，提高运动员的思想政治素养和文化素养，使运动员获得人格方面的提升。因此，体育院校人文教育的主要内容是以人文精神为主，让运动员掌握必要的文化知识，帮助运动员养成良好的学习习惯与生活习惯，塑造他们优良的人生态度。人文教育的方法主要是以运动员为主体，让他们在自主学习中获得成长，进而产生对自己人生发展的深刻认识。而体育院校需要为学生的个性化成长创造良好的条件，带给学生更多的支持与关怀，将校园打造成为具有人文精神的学习环境。

在体育竞技成绩和经济利益的驱使下，许多体育院校更多强调的是提高运动员的体育竞技水平，让运动员在体育赛事中取得优异成绩。为了达成这一目标，学校需要加强运动员的训练，以确保运动员获得成绩上的提升，而这些教育内容都属于物化层面。我们必须认识到，这虽然是竞技体育的性质，但如果过度强调成绩而忽视了运动员个人的发展，就会使体育院校的教师团队和运动员陷入功利主义的困境中，片面地为了追求利益而参与体育，导致体育教育出现失衡。这种方式既不利于体育事业的长远发展，也不利于运动员的全面和健康发展。在人文主义思想的指导下，体育院校不仅要讲究科学训练，也要推进人文精神的提高，即实现体教的融合，如图6-3所示。

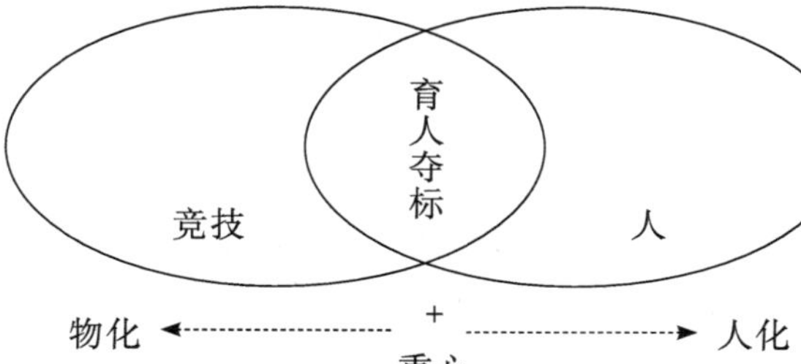

图6-3　人物双修示意图

随着经济的快速发展，全世界的竞技体育已经发展到了相当大的规模。不仅国家之间通过竞技体育来展示国家的实力，而且市场主体也借助体育来扩大自身的品牌影响力，以此获取更多的商业利益。竞技体育也伴随着各种商业利益和政治利益，成为影响世界的文化现象与产业模式。在巨大的利益驱使下，一些运动团队通过违反体育道德的手段来夺取比赛成绩，在商业化的运动中，也有不少运动团队通过不正当的竞争来获取更多资源。这些做法都违反了体育运动的本质，也是竞技体育不断走向物化的一种表现，因此，在我们的体育教育中应该重塑体育精神，让体育真正为人的发展服务。要通过体育院校的教育指导运动员从成长阶段就形成良好的体育道德，使运动员在健康的体育环境中成为可造之材。

（二）学训科学化结合和“育人夺标”思想

1. 树立可持续发展学训科学化结合的指导思想

在推动体育训练科学化的过程中，确立可持续发展学训科学化结合的指导思想是至关重要的。这一指导思想旨在在科学的基础上实现体育训练的可持续发展，使其更好地适应社会的需求和未来的挑战。具体而言，这一指导思想要求我们在体育训练中综合运用各种科学原理，同时注重可持续性发展的理念，以实现运动员的全面提升。首先，要将科学化与可持续性发展相结合。这意味着在体育训练中，要紧密结合运动科学、生理学、心理学等多学科知识，通过科学的方法获取和运用大量数据，科学地指导训练方案的制定和调整。与此同时，还应注重训练的可持续性，使运动员的训练不仅可以在短期内看到成效，更要确保在长期内保持健康、稳定、可持续的发展。其次，要强调科学的个性化训练。通过运用现代技术手段，如运动生物力学分析、心率变异性监测等，可以更准确地评估每位运动员的身体状况和训练效果。在此基础上，制订个性化的训练计划，满足每位运动员的特殊需求，最大限度地发挥其潜力。这既是科学化训练的要求，也是实现可持续发展的必然选择。

综合而言，树立可持续发展学训科学化结合的指导思想，是在追求卓越竞技表现的同时，更注重运动员全面发展和社会效益的一种战略性选择。这一指导思想将推动竞技体育走向更加科学、人文、可持续的发展轨道，为我国体育事业的繁荣与进步提供有力支撑。

2. 有效贯彻“育人夺标”思想

要有效贯彻“育人夺标”思想，首先，需要深刻理解并确立这一思想的核心内涵。所谓“育人夺标”，强调竞技体育工作不仅要关注运动员在比赛中的成绩，更要注重培养他们的全面素质，包括道德品质、团队协作、领导力等方面。这一思想的本质在于将竞技体育的目标定位为培养杰出人才，而非简单地追求荣誉和奖杯。其次，需要在体制机制上进行创新和调整。建立以人为本的竞技体育管理体制，为运动员提供更全面的培训和支持。强调运动员的成长过程，为其提供科学的训练指导、心理健康的辅导服务、专业的职业规划等，使其在体育生涯中获得更多的人生收益。

在实施过程中，教练员是关键的推动力量。培养具有“育人夺标”意识的教练员，不仅要求其具备高水平的专业技能，更需要注重他们的人文素养和教育观念。培养教练员要有长远的眼光，将运动员培养成全面发展的人才，使其在体育赛场之外也能为社会、国家作出更多贡献。

此外，还需要加强与教育体制的衔接，实现学校教育和竞技体育的有机结合。通过推动学校体育改革，将“育人夺标”的理念融入学校体育课程中，培养更多具备综合素质的青少年运动员。同时，要注重对体育教育工作者的培训，提高其专业水平，才能更好地服务于青少年运动员的全面发展。

总的来说，要有效贯彻“育人夺标”思想，需要在理念、体制、人才培养等多个方面进行系统性的改革。只有真正实现了竞技体育事业与人才培养、社会服务的全面结合，才能更好地引导运动员迈向卓越的竞技之路，并培养更多有益于国家和社会的优秀人才。

二、建立合理的管理制度，真正体现以人为本

（一）合理优化体育管理权限

在体育管理中，合理优化管理权限是建设高效机制、提升管理效能的关键一环。通过科学合理地分配和调整管理权限，可以更好地实现资源整合、人才激励、决策迅捷等目标，提高体育事业的整体水平。首先，应合理划定管理权

限范围。在体育机构中，不同层级和部门的管理权限需要进行明确划分，以确保各自职能的高效履行。管理权限的划定应基于任务和职责的差异，避免冗余和交叉，确保责任明确、协同高效。其次，注重人才梯队的建设和使用。体育管理权限的合理优化需要依托人才梯队的建设。通过培养专业素养高、管理经验丰富的管理骨干，可以更好地适应和处理复杂多变的管理任务。合理安排管理岗位，激发管理人员的工作热情和创造力。再次，强化信息化支持。在信息化时代，体育管理离不开先进的信息技术的支持。合理优化体育管理权限需要建设健全信息化平台，实现信息共享、透明化决策。这有助于各级管理者更及时、准确地获取管理信息，提高决策效率。此外，还应合理规范权责关系。清晰的权责关系是合理优化体育管理权限的基础。明确权责关系能够有效防范管理失误和责任推诿。体育管理机构应当建立健全权责清单，明确每个管理层级和部门的具体职责和权限范围。最后，强调监督和评估机制。合理优化体育管理权限不仅要关注内部权责配置，还需要建立有效的监督和评估机制。通过设立独立的监察机构、建立绩效评价体系，对管理绩效进行全面、科学的评估，及时发现问题、纠正偏差。

总的来说，合理优化体育管理权限是提高管理效能、推动体育事业发展的必然要求。通过精细化划分、人才培养、信息化支持、权责关系规范，以及监督评估机制的建设，可以更好地实现管理权限的科学配置和高效利用。这一过程既是对体育管理现状的深刻反思，也是促进体育事业健康可持续发展的有力保障。

体育教育改革应该顺应时代的发展，满足学生的成长需求。为此，国家相关主管部门应该改变过去统管一切的管理模式，吸引社会力量广泛参与到体育教育事业当中。另外，我国也应该在体育竞赛的组织管理上加强改革，在发展职业比赛的同时，推进学校赛事和大学生运动的职业化发展，实现体育赛事的多样化，为挖掘优秀运动员创造更多的发展机会。当前，我国体育院校在运动员的培养上逐渐形成了自己的风格和特色，尤其是在训练条件上较过去有了很大的改善。通过加强体育院校的硬件投资和环境建设，使科学的训练理念和方法走进校园，确保了体育院校能够始终保持自己的竞争优势。在未来的发展中，体育院校还应该在以人为本的育人思想上做足文章，通过制度建设推进体教融合发展。新模式的体育制度会充分激发体育院校竞技体育后备人才培养的活力，从而推进竞技体育后备人才得到更好的发展，形成体育院校竞技体育后备人才培养模式长足发展的根本动力。

（二）注重人性和管理方式的选择

在现代社会，注重人性和管理方式的选择是建设性管理理念的体现，是推动组织健康发展的关键。有效的管理需要关注人性的尊重和关怀，同时采用科学合理的管理方式。第一，注重人性是尊重员工的基础。在组织管理中，员工是最重要的资源。注重人性就意味着要理解和尊重员工的个性、需求、情感等，关注他们的人文关怀，从而建立积极向上的工作氛围。这有助于激发员工的创造力和工作热情，提高工作效能。第二，选择适合的管理方式是关键。不同的组织、不同的团队可能需要采用不同的管理方式。注重人性并不意味着一刀切，而是要根据实际情况选择适宜的管理方式。可以运用民主管理、团队合作、激励等多种方式，以适应多样化的员工需求。第三，强调沟通与协调。在注重人性的管理中，沟通是不可或缺的环节。建立起良好的沟通机制，使员工能够更好地表达自己的需求和想法，领导者也能及时了解组织的实际情况。协调则是保障组织协同运作的关键，通过团队协作，实现各部门间的无缝衔接。第四，注重激励和培养。管理者在选择管理方式时应注重激励机制，激发员工的工作积极性。同时，通过培训和发展计划，提升员工的专业素养和职业能力，使其在工作中有更大的发展空间。第五，建立和谐的组织文化。注重人性和选择合适的管理方式有助于塑造和谐的组织文化。通过弘扬共同的价值观、鼓励员工参与决策、关心员工的生活和职业发展，创造一个互相尊重、信任和团结的工作环境。

总体来说，注重人性和选择合适的管理方式是建设性管理的核心。这不仅能够提高组织的整体绩效，也有助于员工的成长和发展。通过关注人性、强调有效的管理方式，组织能够更好地适应变革，提升竞争力，实现可持续发展。

（三）实施德法兼治的措施

我国运动人才的培养既需要体现人性化，也需要加强制度化，最终达到德法兼治的效果。对于人性化的管理，上文已经做了详细表述，而在制度化管理方面，我们可以采取以下两种措施。

第一，运用运动队伍的竞争机制。竞争机制的主要作用是在竞技体育优秀人才选拔和运动员的训练方面加强同一项目的竞争，充分尊重体育的竞争本质，让优秀的运动员能够通过公平竞争被选拔出来，代表运动队和国家参与比赛。建立理性的竞争机制可以改变过去某些项目由少数教练或领导决定的情况，也可以使一些运动员产生危机意识，从而加强自己的训练与进取意识，同时也让其他运动员有公平竞争的机会。因此，竞争机制能够帮助运动队伍选拔更优秀的运动员，这也成为我国优势运动项目始终保持领先地位的关键。

第二，整体育人责任制。整体育人责任制的建立将会为育人部门和教练员产生约束作用，让运动队伍和院校能够狠抓人才培养，不断提高其育人和训练的水平。同时，整体性的责任制也将运动员的成绩与育人机构有机融合在一起，让运动员的成长情况不仅关系到运动队，也关系到体育院校的发展。在这种机制下，要对培养基础后备人才的个人和院校提供一定的激励政策，当运动员取得一定的比赛成绩后，不仅要奖励其所在的运动队，也要对培养运动员的基层单位和个人提供奖励，确保人才培养的各个环节都能共享成果。这种方式能够鼓励体育院校以更加科学的训练方法和标准来培养后备人才，促进竞技体育的整体性发展。

三、优化教学环境，保证竞技体育人才培养的质量

（一）加强项目设置的合理性

为了提高竞技体育人才的教育质量，我国应该在项目设置上做到合理有效，主要包括以下几点：一是要发挥我国传统优势运动项目的特点，通过体育院校的力量加强后备人才的培养。体育院校应该成为我国优势运动项目的技术研发基地和人才培养基地，继续提高我国在这些项目上的技术和人才优势。另外，体育院校在项目设置上也不能盲目，而是应根据本地区的客观条件来发展重点项目，将这些项目打造成院校的亮点。二是体育院校要充分利用科研和教育资源，培育和发展具有潜力的弱势项目。应该在国家政策的引导下加强三大球项目、田径、游泳和水上项目的育人工作，帮助我国在潜

在项目上有所突破。三是对于存在问题的项目要进行改革，深入分析产生问题的原因，并据此及时调整人才培养的方向。四是在国家体育部门和教育部门的合作机制下，完善我国的体育教育制度，推进重点体育项目进入中小学校园，有效配合和补充体育院校的人才培养体系，使我国最终形成层次分明的体育人才培养结构，为竞技体育的发展提供更多的潜在人才。

（二）加强教练员管理与培训，提升教练员的素质和能力

加强教练员管理与培训，提升教练员的素质和能力，对于培养更优秀的运动员、提高体育训练水平，乃至促进整个体育事业的繁荣具有重要的意义。

首先，管理是教练员队伍建设的基石。良好的管理机制能够确保教练员队伍有序运转、高效工作。在加强管理方面，首要任务是建立科学、规范的教练员管理体系。这一体系应包括明确的职责分工、合理的晋升机制、规范的考核评价等，以确保教练员队伍的专业化和稳定性。其次，培训是提升教练员素质和能力的关键。通过系统的培训，可以帮助教练员不断学习新知识、更新训练理念、提高技术水平。培训内容应该涵盖体育科学、心理学、管理学等多个方面，使教练员具备全面的知识结构。同时，还应注重实践操作，通过实际案例和模拟训练，锻炼教练员的实战能力。

为了提高培训的质量，可以采用多元化的培训形式。例如，定期组织专业领域的研讨会、座谈会，邀请专业学者和优秀教练进行经验分享。利用现代信息技术，开设在线培训课程，让教练员能够随时随地进行学习。此外，组织实践活动让教练员亲身参与，可深化其对理论知识的理解，提高应对实际问题的能力。

除此之外，培训应该强调团队协作与沟通能力的培养。优秀的教练员需要具备团队合作精神，与其他团队成员紧密协作，共同推动运动员的发展。因此，培训中可以设置团队合作项目，提高教练员的协作水平。同时，通过沟通技巧的培训，使其更好地与运动员、管理层等各方面进行有效沟通。

在管理和培训的双重推动下，教练员队伍的整体素质和水平将得到显著提升。这不仅有助于优秀运动员的培养，更能够推动整个体育事业的长足发展，为我国在国际体育舞台上赢得更多的荣誉作出积极贡献。因

此，加强教练员管理与培训是当务之急，也是推动体育事业全面进步的必由之路。

（三）确保竞技体育人才培养质量的关键在于实现教学、训练和科研的有机结合

在保障竞技体育人才培养质量的道路上，实现教学、训练和科研的有机结合是至关重要的。这一战略性举措旨在构建一个科学、系统、高效的培养体系，为培养优秀运动员提供全面而深入的学科支持。首先，教学与训练的有机结合是培养过程中不可或缺的一环。通过紧密衔接的课程体系，将优秀运动员的学业与专业训练相融合，这不仅有助于运动员更好地理解和应用理论知识，还能够提升其在竞技领域的实际能力。学科知识与实践技能的相互促进，使运动员在专业领域内更具竞争力。其次，训练和科研的有机结合是提高培养质量的关键一环。将科研成果及时运用到实际训练中，能够为运动员提供更科学、个性化的训练方案。同时，通过持续的科研工作，不断更新训练方法和理论体系，使培养体系始终站在科技的最前沿。这种紧密结合有助于运动员更好地适应竞技环境的变化，提高竞技水平。最后，实现教学、训练和科研的有机结合需要建立跨学科的协同机制。学校、训练中心和科研机构之间的密切合作是保障培养质量的前提。通过建立高效的信息共享和资源整合机制，确保各方面资源得以最大化地利用，为运动员提供全方位的培训和发展机会。

总体而言，实现教学、训练和科研的有机结合是竞技体育人才培养质量的保障措施。只有通过这种协同合作，才能培养出更多具备优秀综合素质的运动员，推动竞技体育事业不断向前发展。

四、完善评价体系，促进竞技教育整体优化

科学的评价体系在体育人才培养过程中也发挥着不容忽视的作用。对育人工作进行科学评价能够产生积极的作用，使优秀人才获得更积极的发展动力，促使体育人才得到更好的发展。同时，科学的评价体系也能令人及时发现育人过程中的问题，纠正体育教育的错误理念和方法，实现运动人才的健康发展。

（一）系统评价，全面育人

由于竞技体育本身就是一种竞争异常激烈的活动，无论是运动员还是运动队伍都会在竞技体育的影响下产生荣誉感和争胜心理。因此，竞技成绩对于运动员来说是非常重要的，这就需要我们在比赛和日常训练的过程中能够形成公平、合理的评价体系，确保运动员能够参与公平竞争。如果评价体系不健全或不公平，不仅会影响运动员个人的发展，也会对竞技体育的全局造成恶劣影响。对于体育教育体系来说，评价体系的建立不仅要考虑运动员的竞赛成绩，也要从育人的角度来制定相关标准。体育人才的培养不仅要看其竞技成绩，也要看这些运动员的综合素质。因此，体育院校应该从个人能力、文化素质、思想道德和敬业精神等方面对运动员进行系统性评价，确保人才的培养不出现偏差。例如，在实际的体育赛场上，有些运动员虽然成绩优秀，但却没有良好的体育道德和个人修养，这就需要我们思考这些运动员是否能够算作优秀的体育人才。我国的体育院校兼具实训与育人的功能，因此对于人才的评价应该更具全面性和综合性。

（二）重视学生的自我评价和自我完善

《教育心理学》对于体育院校分析学生的群体心理有着很大的帮助。学生时代，学生的思维能力和价值观念都处于发展阶段，尤其缺少理性思考的能力，这就导致学生对自我的评价容易出现偏差，有些学生会盲目自信，无法准确认识自己的能力，而有些学生则容易产生信心不足的问题，会使自己的发展潜力无法被激发出来。同时，对于大部分学生来说，其生活和学习容易受到自己感情思维的影响，同样不利于自身的成长。对于体育院校的学生来说，这些学生由于文化水平普遍不足，更容易意气用事，在个人评价和发展中出现问题。这就要求体育院校要有能够帮助学生提高自我评价的能力，让学生能够准确认识到自己的优势和不足，这样他们才能在学习、训练中得到更好的发展。

体育院校的教师在进行体育教学的过程中，要指导学生对自己的潜能、性格等方面作出合理评价，使学生能够提高自我认知水平，帮助学生在体育生涯中获得更好的发展。教师要鼓励学生进行自我评价，之后再对学生的评价结果作出科学的判断。同时也可以让学生进行互相评价，通过这种方式让每个学生更能认清自己的优势和不足。

（三）提倡跟踪评价，强化长期育人的意识

在体育教育领域，提倡跟踪评价，强化长期育人的意识是至关重要的。跟踪评价是指在学生运动员职业生涯中，持续关注、记录和评估其学习、发展和进步的过程。这一方法不仅有助于发现学生运动员的个体差异，更能够为他们提供个性化、有针对性的支持与指导。通过对其训练、比赛和学业等方面的表现进行长期、系统的记录和分析，教练员可以更全面地了解学生运动员的优势、劣势、兴趣和潜力。这有助于制订个性化培养计划，更好地满足运动员的发展需求。通过定期的跟踪评价，教练员和教育机构可以及时察觉学生运动员在学业、心理健康、人际关系等方面可能出现的问题。一旦发现问题，就能够及时采取相应的辅导、心理疏导或专业培训措施，帮助运动员走出困境，更好地克服困难。因此，提倡跟踪评价，强化长期育人的意识，不仅能够更好地服务学生运动员的个体需求，也有助于整体体育教育的质量提升。这种长期视角的教育理念将为学生运动员的全面发展奠定坚实基础，促使他们更好地适应社会、发展个人潜力。

第三节 运动员道德提升的路径

一名优秀的运动员不仅要具备强大的比赛实力，还应该具备较高的思想道德素养。因此，我国体育院校在运动人才的培养过程中，不仅要提高运动人才的竞技水平，也要强化对其的思想道德教育，让运动员成为技能与道德共同发展的优秀人才。其中，运动员道德素养的提升，重点体现在体育道德的培养上，要让运动员具备顽强拼搏的精神、公平竞赛的态度，形成尊重体育、尊重对手的优良素质，养成为国争光、为个人成长负责的精神品质。

一、优秀运动员思想道德素质教育的必要性

（一）是创造优异体育运动成绩的需要

运动员要想在激烈的体育竞争中取得好成绩，就需要在成长道路上付出超出常人的努力，不断挑战身体的极限。因此，运动员要形成远超常人的心理素质和精神力量，只有这样才能克服比赛与训练中巨大的压力。运动员的道德素质和精神素养对于运动成绩能够产生直接的影响，凡是取得优异成绩的运动员，无不具有强大的精神力量，他们不怕失败、敢于挑战，并具备在重压之下调整自我心态的能力。因此，思想道德教育是培养优秀体育人才过程中一个不可缺少的环节，是体育院校学生成长为优秀运动员的必要条件。优秀运动员如果没有较高的思想道德素质作为精神支柱，没有坚强的意志品质和稳定的心理素质作为保证，是难以完成艰巨的体育训练和比赛任务的。体育比赛不仅是比技术，更是比思想、比作风、比意志、比心理、比智慧、比综合素质，优异的体育运动成绩折射出的是优秀运动员的综合素质。所以，我们要坚持意识具有能动性的原理，把强有力的思想道德素质教育作为竞技体育发展的润滑剂，加强思想道德素质教育，提高优秀运动员的思想品德，并为其提高体育运动成绩提供强有力的思想保证。

（二）是优秀运动员教育关键期的需要

在学校、家庭与社会的共同努力下才能将一名青少年培养为优秀的运动员。对于这些后备人才来说，他们也正处于人生成长的关键时期，他们所接触的环境能够对其以后的思想观念产生深刻的影响。如果在体育训练的过程中忽视了思想道德教育，就可能导致这些后备运动员在成年之后产生错误的人生观与价值观，这样他们也就丧失了成为优秀运动员的可能性。因此，体育院校在运动员思想道德教育中应该起到关键作用，在做好运动培训的同时，通过思想政治教育、文化艺术教育帮助学生形成良好的作风和高尚的思想，这样才能够让这些后备人才在从事体育事业或进入其他领域后，具有为国争光、为人生负责的思想认识。

（三）是社会主义精神文明建设的需要

优秀运动员的思想道德素质教育对于社会主义精神文明建设具有重要意义。在全球化竞争的时代，竞技体育对国家与社会的作用越来越重要。竞技体育的成绩和运动员在赛场上的表现都能直接反映我们国家的国际影响力和综合实力，是国家获得荣誉的一面旗帜，也是让全社会保持高度凝聚力的重要手段。同时，在信息化时代，竞技体育也获得了大众媒体的高度关注，运动员在赛场内外的表现都会成为媒体关注的焦点。因此，优秀运动员也会成为大众学习的榜样，深刻影响着全社会的精神文明建设。同时，在社会的普遍关注下，如果运动员出现思想道德上的问题，也必然会在媒体的作用下被不断放大，最终产生难以预料的后果。目前，许多运动员尽管在竞技成绩上十分优秀，但却在思想道德方面出现了一系列问题，其中包括使用违禁药物、参与不公平竞争、生活作风有问题，甚至还有思想认识问题等。这些问题经过各路媒体的发酵后，就会在社会中产生巨大影响，导致公众对体育界失去信任，对竞技体育的成果也产生怀疑。对待这些问题我们绝不能掉以轻心、麻木不仁，必须引起高度重视，要防微杜渐，加强优秀运动员的思想道德素质教育，在思想道德教育和竞赛制度上建立起一道道坚实的防线，使我们的体育竞赛场成为全社会精神文明建设的窗口和榜样。

（四）是实现奥林匹克理想的需要

奥林匹克运动之所以能成为全世界最为重要的赛事活动和最具影响力的文化现象，其原因在于奥林匹克运动不仅是一个单纯的体育盛会，更是一个文化盛会，它包含了人类共同的精神和理想。正是凭借着奥林匹克文化和奥林匹克理想，这项活动才能在一百多年的发展中长盛不衰，并对世界各个国家和民族都产生了深远的影响。

现代奥林匹克运动在成立之初，其创始人顾拜旦就将自己的思想与目标融入其中，他坚信这项运动的精神不仅能够体现在竞技体育方面，也能体现在个人的道德与全社会的公德方面。其影响力不仅包括青年运动员群体，也将影响到整个人类，让人类作为一个共同体来相信和认同奥林匹克精神。现代奥林匹克运动的格言是“更快、更高、更强——更团结”，这体现着人们在超越体育极限方面的追求。除此之外，奥林匹克运动还具有更为深刻的思想内涵，即通过竞技体育来推动教育的发展，帮助学生获得身心上的全面发展。现代奥林匹克运动还体现着团结、和平的精神理想，号召各个国家、各个民族能够团结一心，停止战争和掠夺。现代奥林匹克运动中的五环标志、和平鸽标志等都是为了实现这一理想而设计出来的。

《奥林匹克宪章》对奥林匹克主义作了全面的表述："奥林匹克主义"是将身、心和精神方面的各种品质均衡地结合起来，并使之得到全面提高的一种人生哲学。它将体育运动与文化和教育融为一体。国际奥委会前主席萨马兰奇曾深刻指出："1894年，当国际奥林匹克委员会成立之际，讨论的主题即为教育的价值。……离开了教育，奥林匹克主义就不可能达到其崇高的目标。"①因此，奥林匹克主义使奥林匹克运动担负着崇高的历史使命，赋予了它极强的教育价值和文化价值，使这一运动有了坚实的思想基础和长期的奋斗目标。由此可见，奥林匹克实现了体育与教育更加紧密的融合，通过竞技体育的发展来促进全世界教育事业的发展一直都是奥林匹克运动的中心理想。它的教育意义在于让接受竞技体育的每个人都能够在身体健康上获得提升，在道德意志品质上得到感染和锻炼。因此，体育教育在贯彻奥林匹克精神的过程中发挥着基础性的作用，在我们进行体育人才培养的过程中，就是要将运动员的思想道德放在至关重要的位置上，让我国的运动员成长为践行奥林匹克理想的优秀人才。

（五）是时代发展的需要

我国的社会主义现代化建设，是要实现物质文明和精神文明的全面发展，使全社会围绕社会主义核心价值观的思想，提高公民思想道德水平的建设。体育事业是我国精神文明建设的重要分支，体育精神的实现对于时代的发展将会产生重要意义。运动员会受到全社会的关注，因此他们的思想道德水平也将会对社会中的其他成员产生重要影响。同时，我们需要看到，随着体育商业化的发展，社会中的许多不良现象也进入了体育领域。在利益的驱使下，许多教练员、裁判员、运动员和管理人员也走上了腐败之路，这严重损害了我国体育的健康发展。面对精神文明建设发展的要求，体育院校要

①全国体育学院教材委员会审定. 奥林匹克运动［M］. 北京：人民体育出版社，1993.

在新的时代背景下，强化对体育人员的思想道德教育，维护体育事业的纯洁性，引导后备运动员形成正确的思想价值观念。

目前，在优秀运动员教育和训练的过程中，存在偏重运动理论知识的传授、身体素质的训练与运动技术的掌握，而忽视了思想道德素质的教育的情况，这种片面的竞技体育教学行为与素质教育全面和谐发展的培养目标是不相符的，这也导致优秀运动员的思想道德素质教育不尽如人意的情况。有的优秀运动员在思想上存在利己主义、功利主义、享乐主义、拜金主义和个人主义。具体表现为他们有的不能正确对待成绩和荣誉、挫折和失败、恋爱和事业、金钱与事业和人际关系；有的语言不文明、行为不健康、对公共财物不爱惜、缺乏奉献精神、上进心不强；有的控制情绪的能力较差，违反校纪队规的事件时有发生；有的法律意识薄弱，打架斗殴，甚至走上了犯罪的道路。

综上所述，优秀运动员的思想道德素质教育只能不断加强不能削弱。优秀运动员的体育运动成绩是优秀的，思想道德素质也应该是优秀的。因此，体育管理部门、体育院校和优秀运动队要对运动员的思想素质教育引起高度注意，要“两手抓”“两手硬”，积极探索和构建优秀运动员思想道德素质教育的长效机制。

二、优秀运动员思想道德素质教育的基本途径

在培养优秀运动员的过程中，除了对专业技能的培养，思想道德素质的培养同样至关重要。优秀运动员不仅需要在比赛场上取得优异成绩，更要在社会生活中展现出高尚的品德和良好的行为举止。因此，优秀运动员思想道德素质教育成为塑造他们全面形象的不可或缺的一环。本部分将深入探讨优秀运动员思想道德素质教育的基本途径，通过有效的方法和策略，致力于为培养具备全面素养的运动员提供有益的指导，推动其在竞技场上的成功同时，也将社会责任感和职业操守融入日常生活。

（一）加强体育训练的德育功能

体育具有综合的育人功能。可是在当前的体育训练中，有些教练员仅仅满足于传授运动技艺与增进体能，而忽视了相应的心理健康教育和品德培

养，造成了只片面进行技术教学的行为，体育训练的精神意义和德育功能却被淡化和遗忘了。因此，我们必须重新审视体育训练，不断加强体育训练的德育功能。

1. 加强体育训练德育功能的重要性

体育院校开展思想道德教育，不能仅仅停留在书本上与课堂上，而是要将德育融入日常的体育训练当中。只有在训练中加强道德教育，才能够对运动员产生积极的影响。因此，体育训练练的不仅是运动员的能力，也是一个锻炼运动员道德水准的过程。

第一，从时间上看，训练在体育院校学生的学习和生活中占据了主导地位。这些学生在校园内的大部分时间都在进行体育训练，只有较少的时间在教室内进行文化学习。因此，思想道德教育要贯穿体育院校学生日常生活中的各个环节，尤其是在训练时，教练员也要制定出合理的教学方法，让学生能够接受思想素质和意志品质的锻炼。

第二，教练员是对运动员影响最大的人，因此教练员的行为能够对运动员产生深刻影响，甚至决定了运动员会最终成长为什么样的人才。教练员与运动员之间的交流主要是在训练场和赛场上，二者之间不仅要进行技术上的交流，也要产生思想上的碰撞。因此，教练员应该成为对运动员进行思想教育的主力军，通过教练员的积极引导，让运动员树立正确的思想观念、养成良好的习惯。

第三，从目的上看，体育训练的最终目的也是要育人，是为了实现运动员的发展而服务的。因此，体育训练的内容也不能仅仅围绕运动技能训练而进行，更重要的是要改造运动员的思想，使运动员能够具备良好的素养。

第四，从教育的作用上看，体育训练比赛作为一种集强力性、集体性、公平性、竞争性和民族性于一体的运动，对于培养优秀运动员的爱国情操、拼搏精神、团结协作精神、奥林匹克诚信品格、坚韧不拔的意志品质和健全的心理素质等都具有不可替代的、独特的德育作用。

第五，思想道德教育对运动员能否成长为综合性人才有着重要意义，对于运动员的人生发展能够产生积极的影响。运动员是赛场上的佼佼者，在社会中也会对其他人产生重要影响。在大众媒体的关注下，运动员的一言一行都能影响到很多人，尤其会对青少年群体产生不容忽视的影响。优秀运动员在赛场上的风姿，以及他们取得的成绩都会使运动员成为广大人民群体学习和模仿的对象。尤其是在媒体和商业力量的带动下，许多运动冠军都会呈现“偶像化”的发展趋势。这些运动员通过商业代言、参加媒体活动等方式，将会在一定程度上引领社会潮流的走向，因此全社会对运动员的思想道德提出了更高的要求。体育院校在培养后备运动员的过程中，就要在对其进行运动训练的过程中加强学生的体育道德、思想道德教育，使其具备高尚的人格，这对于运动员以后的发展将会起到关键作用。

2. 体育训练德育功能的主要内容

（1）体育训练要注意培养优秀运动员的爱国情操

培养优秀运动员的爱国情操可以端正他们训练比赛的动机，激发他们刻苦训练、顽强拼搏、为国争光的精神。中国体操队总教练黄玉斌对此深有体会：“要登上运动生涯最辉煌的顶点，天赋和刻苦训练是基础。但作为中华儿女，把我们托上奥运冠军领奖台最大的动力却是满腔的爱国主义热情。”在跨地区、跨国家的体育比赛中，优秀运动员的拼搏精神和集体情怀往往会上升为高尚的爱国主义情操。中国乒乓球队在世界乒坛中大放异彩、战功赫赫、长盛不衰，正是一代又一代乒乓骁将为国拼搏的结晶。当国歌一次次在赛场上奏响，国旗飘扬时，教练员和优秀运动员那激动的泪水不仅仅是比赛胜利的喜悦，更是他们内心最诚挚的民族自豪感、幸福感的显现，同时它也唤起无数国人的爱国热情。

随着我国体育产业的发展，加上政府和社会对体育的重视，我国优秀运动员不仅能够获得精神上的荣誉，也在物质生活水平上有了明显的提升。运动员获得比赛成绩后，不仅会得到官方的奖励，还可能会接到各种商业代言，这也让体育竞技的成绩能够与个人的收入直接关联。但有的优秀运动员在取得成绩以后，“为国争光”的崇高动机就淡化了，变得一切向金看。受到社会不良风气的影响，一些运动员在体育成绩和个人利益上出现失衡，产生一切为了金钱的错误思想观念，从而丢掉了体育运动员的本心。有些运动员在取得成绩和利益后不再追求进步，放弃了刻苦的训练，最终导致成绩的下滑。有些运动员受到高额经济利益的影响，在比赛中抗压能力减弱，变得患得患失，最终失去了拼搏奋斗的精神。也有些运动员在退役后，利用自己的荣誉，不加以分辨地参与商业活动，最终导致个人形象和体育形象受到严重的损害。

因此，在体育训练中要注意培养优秀运动员的爱国情操可以从以下几个方面进行：一是教练员要充分利用各种活动和机遇对优秀运动员进行爱国主义教育；二是教练员要结合新中国体育所取得的辉煌成就进行爱国主义教育；三是采用“算账法”进行“祖国培养意识”教育；四是进行比赛动机教育，调控心理异常的行为；五是进行国旗教育。每周举行一次升国旗仪式，体育人都要向国旗敬礼，同时在训练馆悬挂国旗，此外还可以在每次队会时唱国歌、讲国情、学习中国历史等。

（2）体育训练中要注意培养优秀运动员敢为人先的拼搏精神

列宁曾说过：“人的意识不仅反映客观世界，并且创造客观世界。”[①]这说明了人的精神的能动作用是非常重要的。竞技体育的精神在于运动员不断追求成绩上的突破，运动员所要挑战的不只是对手，也包括自己，最终要使人类在各个项目上不断进步。因此，运动员要具备顽强的拼搏精神和竞争精神，敢于接受对手的挑战，也敢于挑战比自己更强大的对手。更重要的是，运动员要通过比赛和训练不断突破自身的局限，战胜自己的惰性。运动员在个人的生活中，也要保持在赛场上不服输的劲头，要在人生的竞争中敢于争先，充分体现竞技体育的本质。追求“更快、更高、更强——更团结”，正是奥林匹克精神的体现。所以，教练员要深刻理解和把握奥林匹克运动格言的含义，注意在日常的训练中培养优秀运动员的拼搏精神。

（3）体育训练要注意培养优秀运动员的协作精神

体育训练中培养优秀运动员的协作精神是至关重要的，它不仅关系到个体在团队中的表现，也直接影响到整个团队的综合实力。在训练中，有几个关键方面需要引起特别关注。

第一，团队意识的培养是协作精神的基石。教练员应该通过团队建设活动、集体训练和团队目标的设定，激发运动员的集体认同感和团队荣誉感。强调团队利益高于个人利益，塑造共同奋斗、共担责任的团队文化。第二，协作技能的培养至关重要。在体育训练中，不同项目的运动员需要密切协作、互相配合，共同达到团队的整体目标。因此，教练员应该设计有针对性的协作训练项目，提高运动员相互理解、默契和协同作战的能力。第三，领导力的培养也是协作精神的一部分。在团队中，每个运动员都有可能成为领导者，能够在关键时刻挺身而出，为团队提供方向和

①列宁. 列宁全集［M］. 北京：人民出版社，2017.

支持。通过培养领导力，可以使团队更加有序、稳定地运转。第四，沟通能力的培养同样重要。团队协作离不开有效的沟通，教练员可以通过模拟比赛情境、团队讨论等方式，提高运动员的沟通技能，使信息传递更加准确、迅速。第五，建立共赢思维是协作精神的核心。教练员要引导运动员认识到，团队的成功就是每个成员个体成功的总和。在体育训练中，每个运动员都应该注重互助、关心团队其他成员，形成共赢的思维模式，共同奋斗、共享荣誉。

综上所述，体育训练要注重培养优秀运动员的协作精神，这需要从团队意识、协作技能、领导力、沟通能力和共赢思维等方面入手。只有在这些方面取得平衡和提高，团队才能更加紧密地团结在一起，共同迎接各种挑战，取得更好的成绩。

（4）体育训练要注意培养优秀运动员的奥林匹克诚信品格

在体育训练中，培养优秀运动员的奥林匹克诚信品格是至关重要的，这不仅关系到运动员个人的道德水平，也影响到整个体育运动的健康发展。为了实现这一目标，有几个方面需要引起特别关注。

第一，教练员应该注重对运动员进行奥林匹克教育。通过讲解奥林匹克理念、历史和精神内涵，培养运动员对奥林匹克运动的深刻理解，激发他们对诚信的追求。奥林匹克运动强调尊重、友谊和公平竞争，这些理念有助于构建良好的品格。第二，运动员要树立正确的竞技观念。教练员要引导运动员认识到，诚信不仅是对他人的尊重，更是对自己的尊重。在竞技体育中，公平竞争是推动运动发展的核心，而欺骗、作弊等行为不仅有悖奥林匹克理念，也会损害自己的声誉。第三，要强化道德教育，注重运动员品德的培养。通过案例分析、团队讨论等方式，引导运动员认识到诚信是体育运动的灵魂，是构建运动员优良品德的基石。同时，教练员要以身作则，成为运动员的榜样，用实际行动引导他们走向正义和真实。第四，加强对规则的宣传和培训也是培养奥林匹克诚信品格的关键。运动员要明确体育竞赛的规则，知道违规行为的后果，并愿意接受规则的制约。只有遵循规则，才能真正实现公平竞争，发挥出运动员的真实水平。第五，营造奥林匹克诚信文化氛围。通过组织举办奥林匹克诚信主题活动、制定体育道德准则，培养全队共同的价值观，形成共识，加强团队凝聚力，推动整个队伍形成奥林匹克诚信的文化氛围。

综上所述，体育训练要注意培养优秀运动员的奥林匹克诚信品格，需要通过奥林匹克教育、正确竞技观念的树立、道德教育、规则的宣传和培训以及营造奥林匹克诚信文化氛围等多方面的努力，使运动员在体育竞技中展现出真实、公正、公平、尊重的优秀品格。

（5）体育训练要注意培养优秀运动员坚韧不拔的意志品质

在体育训练中，培养优秀运动员坚韧不拔的意志品质是至关重要的，这种品质关系到运动员在面对困难和挫折时坚持、不懈努力的程度，对于他们的竞技生涯和个人成长都有着深远的影响。因此，我们需要在训练中有意识地培养和增强运动员的意志力，以使他们具备面对各种压力和挑战的勇气和毅力。

第一，注重对心理素质的培养。心理素质是决定运动员在竞技场上发挥水平的关键因素之一。通过心理辅导、集体心理训练等方式，帮助运动员建立自信、增强抗压能力和心理韧性，使他们能够更好地面对竞争和逆境。第二，制订科学的训练计划。训练计划的科学性直接关系到运动员是否能够保持训练的热情和动力。适度的训练负荷和科学的周期安排有助于维持运动员的体能和心理状态，避免因过度训练而导致疲劳和消极情绪。第三，注重团队建设。良好的团队氛围有助于运动员在困难面前互相支持，共同努力。增强团队凝聚力，使运动员在训练和比赛中能够感受到集体的力量，从而更有信心和毅力。第四，定期进行目标评估。设立明确的短期和长期目标，通过定期的目标评估，让运动员时刻保持对目标的清晰认知，激发他们实现目标的欲望，从而增强他们的意志力。第五，强化意志力的培养。在训练中有意识地设置一些困难和挑战，引导运动员在面对压力时能够保持冷静，通过努力攻克难关，从而提高意志力。

综上所述，体育训练要培养优秀运动员坚韧不拔的意志品质，需要注重心理素质的培养、制订科学的训练计划、团队建设、目标评估和强化意志力的培养等多方面的努力。通过这些举措，运动员将更好地面对竞技生涯中的风雨，展现出顽强拼搏的精神风貌。

（6）体育训练要注意培养优秀运动员健全的心理素质

在体育训练中，培养优秀运动员健全的心理素质是至关重要的，因为优秀的心理素质直接关系到运动员在竞技场上的发挥和对各种压力的适应能力。在这个过程中，我们需要综合运用心理学理论和实践，通过科学合理的训练方法，使运动员在心理层面取得全面的发展。

第一，注重情绪管理。运动员在比赛和训练中往往面临各种情绪波动，如紧张、焦虑、兴奋等。因此，需要通过心理辅导和训练，使运动员学会自我调节情绪，保持情绪平稳，以确保他们在关键时刻能够保持冷静，发挥出最佳水平。第二，加强自信心的培养。自信是成功的关键，通过设定合理的目标、定期进行目标评估，运动员可以逐渐建立对自己实力的正确认知，并在训练和比赛中增强自信心。同时，教练员要及时给予运动员正面的鼓励和认可，增强他们的自信心。第三，强化抗压能力的训练。在竞技体育中，面对压力是不可避免的，通过模拟比赛、营造逼真的训练场景等方式，提高运动员在高强度竞争中的应对能力，让他们在压力下能够保持冷静和高效应对。第四，加强团队协作和沟通。团队协作是体育训练中的重要环节，通过团队活动、合作训练等方式，培养运动员与队友之间的默契和协作精神，增强团队的整体实力。同时，教练员也要与运动员保持良好的沟通，及时了解他们的心理状况，提供必要的帮助。第五，加强心理技能的训练。包括注意力的集中训练、心理暗示法、自我调节技巧等，这些技能有助于提高运动员的专注力和心理稳定性，使其在竞技状态下更为出色。

综上所述，培养优秀运动员健全的心理素质需要从情绪管理、自信心培养、抗压能力训练、团队协作和沟通、心理技能训练等多方面入手。通过这些方面的有机结合，可以使运动员在心理层面得到更为全面的改善，更好地适应竞技体育的复杂环境，展现出卓越的竞技水平。

3.加强体育训练德育功能的基本途径

（1）组织教练员学习，更新体育训练观念

组织教练员学习，更新体育训练观念，是推动体育事业发展、提高运动员水平的关键举措。在现代社会，体育训练理念的不断更新、与时俱进至关重要，因为科技、医学、心理学等领域的发展为运动训练提供了新的思路和方法。通过设立培训课程、研讨会、座谈会等形式，为教练员提供系统化、科学化的培训。这些培训内容可以包括最新的训练方法、先进的运动科学知识、体育心理学等方面的理论与实践。通过不同形式的培训，教练员可以更好地理解和应用新领域的知识。体育训练不再是孤立的领域，而是与医学、心理学、生物学等多个学科相互交叉。组织跨学科合作的研讨会和座谈

会，促使教练员与其他领域的专业人员深入交流，共同探讨如何更好地整合不同领域的知识，提升运动员的综合素质。此外，组织教练员参与国际性的学术交流和比赛经验分享。国际间的学术交流能够让教练员接触到更广泛、更先进的理论和实践经验。通过参与国际比赛，教练员可以更好地了解世界体育训练的最新动态，拓宽视野和提高应变能力。

（2）建立教练员的综合考评机制

教练员是加强体育训练德育功能的关键，他们的重视程度直接关系到体育德育的效果。建立教练员的综合考评机制是提高体育训练水平、培养优秀运动员的关键一环。这一机制的建立不仅有助于科学、客观地评价教练员的工作表现，更能激发其积极性，推动整个体育训练事业不断发展。以下是建立教练员综合考评机制的几个重要方面：首先，考核指标的科学性。建立科学合理的考核指标，包括运动员的竞技成绩、团队整体表现、训练计划的制订和执行、运动员的身体素质提升、团队内部合作情况等方面。这些指标要有针对性，可全面反映教练员的工作质量。其次，建立多层次的考核体系。考评机制应该包括不同层次的评价，既有对整个团队工作的总体评估，也有对个别教练员的具体表现的细致分析。通过设立不同层次的评价，可以更全面、准确地了解教练员的工作实际情况。

（3）树立优秀运动员崇高的体育道德理想

教练员的体育德育要求只是推动主体发展的外在力量，对于优秀运动员来说是一种外在的约束力。外因要通过内因才能起作用，因此必须把体育德育要求转化为优秀运动员的内在品质，使其变成个体的需要，外化为正确的体育道德行为。要加强体育训练的德育功能，还必须强调将其“内化”，实现由他律向自律的转化。要实现这一要求可以从以下几个方面着手：一是要通过开设“思想品德修养与法律基础”课程，发挥体育道德优秀的运动员的榜样教育作用、参加社会道德实践活动等形式，生动形象地传授道德知识，提高运动员的道德认识，培养道德情感；二是要通过对体育比赛中发现的一系列体育道德矛盾的集中剖析及价值澄清，提高运动员的体育道德判断能力及选择能力；三是要通过对他们的正面行为及时予以肯定与强化，以磨炼体育道德意志，坚定体育道德信念，培养体育道德行为，树立崇高体育道德理想；四是要通过加强体育管理，以帮助优秀运动员养成良好的体育道德行为习惯。

（二）增强体育德育的文化性

文化不仅具有知识传播的功能，而且具有重要的教育功能，文化教育是体育德育的基础。加强优秀运动员的文化教育，不仅能提高其文化素质，而且能够对体育德育起到巨大的促进作用。文化教育可以使优秀运动员了解人文和艺术知识，这就拓展了体育德育的内容和视野，从而为体育德育打下良好的文化基础和审美基础，有利于提高体育德育的效果。优秀运动员如果缺乏文化底蕴，将会影响到他们对体育德育的理解力、接受能力和可持续性。因此，单靠过去的教育内容和方式已显得势单力薄和力不从心，要改变这种被动的局面就必须转变观念，改变就思想抓思想、就管理抓管理的方式，从文化的角度，重新构建优秀运动员体育德育的新机制和新模式，要从打好优秀运动员的文化基础入手，加强对优秀运动员的体育文化熏陶、社会文化影响和科学文化教育。

（三）坚持体育德育与社会实践相结合

体育德育是一个系统工程，要使优秀运动员真正了解马克思主义的真理性，树立科学的世界观、人生观、价值观和道德观，仅靠学校课堂和优秀运动队的思想政治工作是远远不够的，必须拓展体育德育的时空领域，将体育德育与社会实践结合起来，坚持走“知行合一”的道路。社会实践是体育德育的重要环节。体育德育必须植根于社会实践的深厚土壤，发挥社会实践的体育德育功能。因此，我们要坚持实践育人、活动育人，积极组织优秀运动员参加社会实践活动，走知行合一的道路。经常组织优秀运动员到爱国主义教育基地、革命传统教育基地进行参观考察、听专题报告会、开展“进社区”等公益活动，利用优秀运动员在体育方面的专业技能服务群众、服务社区，让优秀运动员在社会实践活动中受到教育、净化心灵、陶冶情操，做到能够自觉规范自身的行为与寻求正确价值取向，提高思想道德素质。

（四）坚持体育德育与解决实际问题相结合

坚持体育德育与解决实际问题相结合，是为了更好地将体育理念融入社会实践，促进学生全面素质的提升。这一结合强调将体育德育的理念与解决实际问题相融合，使学生在参与体育活动的同时，更好地理解和应对现实社会中的各种挑战。首先，体育德育与解决实际问题相结合能够培养学生的团队协作精神与社会责任感。通过团体项目，学生能够深刻体会到团队协作的重要性，增强团队精神，形成相互合作、共同奋斗的社会责任感。在解决实际问题的过程中，学生能够通过协作和合作，发挥各自的优势，共同找到解决问题的有效途径。其次，体育德育与解决实际问题相结合可以培养学生的创新意识与实际动手能力。在解决实际问题的过程中，学生需要不断思考并寻找具有创新性的解决方案。体育活动的设置可以通过模拟实际场景，引导学生在运动中思考问题、提出解决方案，并通过实践检验其可行性，培养学生实际动手解决问题的能力。再次，体育德育与解决实际问题相结合有助于提升学生的社会适应能力。通过参与社会实践项目，学生将更好地理解社会的复杂性，认识到自己在社会中的角色和责任。这有助于培养学生的社会适应能力，提高他们在社会中解决问题的能力和水平。最后，体育德育与解决实际问题相结合可以促进学生的身心健康发展。通过体育锻炼，学生不仅能够保持身体健康，还能够在解决实际问题的过程中释放压力，提高心理素质。这有助于学生全面素质的提升，更好地适应社会发展的需求。综合而言，坚持体育德育与解决实际问题相结合，能够培养学生的团队协作精神、社会责任感，提升创新意识和实际动手能力，增强社会适应能力，促进身心健康发展。这一结合使体育德育更具有现实意义，可更好地服务于学生的全面成长。

（五）坚持体育德育与心理教育相结合

坚持体育德育与心理教育相结合，是为了更全面地关注学生的身心健康和全面发展。这一结合旨在通过体育活动，促进学生身心协调发展，培养其积极向上的心理素质，形成健康的人格。首先，体育德育与心理教育相结合有助于培养学生的情感管理能力。在体育活动中，学生面临竞争、胜负等压力，通过心理教育的引导，学生能够更好地理解和应对这些情感，提高自己的情感管理水平。在体育锻炼过程中，通过团队协作、合作竞技等活动，学生还能培养互相之间的情感。其次，体育德育与心理教育相结合有助于塑造学生的自我认知与自尊心。通过体育锻炼，学生能够更全面地认知自己的身体状态、运动能力和潜力，这有助于培养他们积极向上的自尊心和自信心。心理教育的干预可以帮助学生正确认识自己的优点和缺点，形成积极的人生态度。再次，体育德育与心理教育相结合有助于培养学生的抗压能力。在竞技体育中，学生常常面临竞争激烈、压力较大的情境，通过心理教育的指导，学生能够学会积极面对困难、挫折，增强抗压能力，提高身心适应能力。最后，体育德育与心理教育相结合可以促进学生的全面发展。体育活动既能锻炼身体，又能培养心理素质，使学生在身心两个方面都得到充分的发展。学生通过体育锻炼，既能够提高身体素质，又能够在心理层面获得愉悦感、成就感，实现全面素质的提升。总体而言，坚持体育德育与心理教育相结合，有助于塑造积极向上的人格，培养学生的情感管理能力、自尊心、抗压能力，推动学生身心全面健康发展。这一结合不仅对学生个体的成长有积极的促进作用，同时也有助于建设更加和谐、健康的教育环境。

（六）坚持体育德育与心理教育相结合

中国优秀传统道德强调的是修身养性，它不仅包含思想道德修养，而且包含心理修养。培育优秀运动员良好的情绪、涵养达观的心态、坚韧不拔及吃苦耐劳的精神、勇敢顽强的意志品质、健康的心理，实际上也是体育德育工作的重要内容。同时，心理教育作为体育德育的一个有益补充，既扩大了体育德育的范围，也强化了体育德育的功能。稳定成熟的心理素质是优秀运动员成才的基本条件之一。优秀运动员在攀登竞技体育高峰的过程中，必须通过奋斗与拼搏克服种种困难，需要他们承受生理和心理上的巨大压力和付出极大的代价。因此，如果运动员没有较高的思想道德素质作为精神支柱，没有坚强的意志品质和稳定的心理素质，那么他们将难以完成体育训练比赛任务。因此，必须把心理教育纳入体育德育，可以通过以下几个途径实现：一是开设心理训练课程，教授他们自我心理调节方法，磨炼意志，形成坚韧不拔和百折不挠的意志品质；二是要加强心理疏导和心理咨询工作，使优秀运动员在失败中坚定信念，始终保持良好的情绪和积极的态度；三是充分利用体育明星榜样的力量进行挫折教育，体育明星战胜困难和挫折的榜样力量能够成为体育德育的重要方式；四是列举一些国际、国内重大比赛中的错判、漏判和舞弊等案例，让优秀运动员感受竞技比赛的复杂性，以提高他们的心理调节能力和自控能力，从而激发他们的进取心；五是加强社会责任感教育。著名教育家马卡连柯说："一个缺乏责任感的人是经受不住挫折的。"因此，要教育优秀运动员树立起对家庭、社会、祖国的神圣责任感和使命感。加强优秀运动员体育德育工作必须把体育德育与心理教育有机结合起来，既解决他们的思想问题，教育他们做一个有体育职业理想、体育职业道德和为国争光的使命感的人，又解决他们的心理困惑，使之形成体育比赛的优良心理素质、健全的人格，保持情绪稳定，增强心理承受能力，经得起体育比赛失败的打击。

（七）建设一支高素质的体育德育教师队伍

高素质的教师队伍，是高素质教育的一个基本条件。因此，我们要建设一支由高素质的领队、教练员、政工干部和思想政治理论课教师组成的体育德育教师队伍。优秀运动队人员组成的三大主体是：优秀运动员、教练员、领队。在攀登竞技体育高峰、为国争光的过程中，他们三者朝夕相处、荣辱与共。由此可见，领队和教练员在优秀运动员的素质教育与全面发展中处于重要地位，因此要把领队、教练员作为体育德育教师队伍的重要力量加以建设。

1. 加强领队的素质建设

领队是党委向优秀运动队派出的思想政治工作干部，全面负责优秀运动员的思想教育及管理工作，做好优秀运动员的思想道德素质教育工作是领队的一项重要职责。虽然优秀运动队实行的是总教练负责制，但领队的作用依旧是不可缺少和替代的，他们是加强优秀运动员思想道德素质教育的关键因素。我们要高度认识到领队工作的重要性，充分调动他们工作的积极性、主动性和创造性，特别是要正确评价领队工作的劳动价值、加强领队的素质建设、提高他们的基本素质。

首先，要正确评价领队的工作。有人认为"领队工作是简单的劳动，创造的价值不大”；还有人认为“领队就是买火车票、领就餐券、跑跑腿的办事员，是可有可无的”，在实际工作中领队成为“后勤部长”，显然这些认识和做法都是错误的。我们要正确评价和充分肯定领队的工作，这不仅有利于人们正确认识领队工作并予以积极支持，形成尊重领队工作的良好风尚，而且有利于重视和加强领队的素质建设，更有利于进一步加强优秀运动员的思想道德素质教育。

领队的工作是一种融合了智力和体力的复合性、奉献性的劳动。它不同于一般的商品性和索取性劳动，也超越了简单的劳动形式，属于一种崇高而高度复杂的工作。这种工作的性质决定了它具有四个显著的特点：首先，领队工作具有潜在性与周期性较长的特征。思想政治工作涉及个体的人格和情感，人的思想转变及世界观、人生观的形成，以及道德和作风的培养，是一个漫长而深刻的过程。这不是通过短时间的努力、几次谈话、几次课程、几次会议就能迅速见效的①。在受教育者的思想没有根本转变之前，领队的劳动潜在于受教育者的发展过程中，因此一时难以看出明显的成效。换言之，领队工作需要耐心和持续努力，付出艰苦的劳动，才能在较长的周期内取得显著的成果。这突显了领队工作的复杂性和需要长期投入的特性。所以，领队的工作业绩不像教练员的训练工作业绩那样容易在竞赛中呈现。这就容易造成人们的错觉，领队的工作是可有可无的。其实不然，领队的思想政治工作是非常重要的工作。

其次，要加强领队的素质建设，提高领队的基本素质。据调查了解，目前优秀运动队的领队整体素质状况不容乐观，突出表现在整体文化素质不够高、思想道德素质不够强、与新形势的发展要求不适应等方面。根据领队的工作性质与特点，其应具备以下基本素质：一是要有较高的思想政治素质。领队首先必须具备正确的思想观念，树立全心全意为人民服务及走群众路线的基本观念等。领队只有树立了正确的世界观、人生观和价值观才能分析问题和解决问题，努力做好本职工作。二是要有优良的品德作风。突出表现为毫不利己，专门利人，大公无私，热爱科学，坚持真理，树立正确的荣辱观，有良好的社会公德、职业道德和家庭美德，襟怀坦荡，言行一致，热情助人等。领队只有具备了这些高尚的道德品质，才能正确处理好各种关

①龙斌，李芳，李亚俊．对新形势下优秀运动队领队工作性质、特点及应具备的素质的探骊［J］．首都体育学院学报，2005（3）：17-19.

系，其对运动员开展的思想政治工作才有说服力和感染力。三是要有丰富的科学文化知识。领队不但要具备马克思主义基本理论知识，还要具备从事思想政治工作的基本理论和专业知识，如心理学、教育学、伦理学、社会学、管理学等。领队掌握这些知识，有利于把握优秀运动员的情感、个性等心理特征，更好地掌握他们思想和行为活动的客观规律，这样才能有针对性地开展思想政治工作。四是要有一定的能力素质。领队要具备一定的组织能力、写作能力、语言表达能力、创新能力等。总之，领队必须德才兼备，要自信、自强、自尊，讲学习、讲政治、讲正气，努力发挥党的思想政治工作的优良传统，创造性地开展优秀运动员的思想政治工作。

为此，一是要明确领队的工作职责，把抓思想道德素质教育作为领队的最主要职责，不能使领队成为“后勤部长”；二是要在选拔各队领队时严格把关，选派政治思想素质硬、科学文化素质高的人做领队；三是建立领队的培训与选拔制度，通过自学、培训、进修、引进、选拔等途径，不断提高领队的综合素质，使他们树立正确的教育观、质量观和人才观，增强实施素质教育的自觉性。

2. 加强教练员的素质建设

在当前的教练员素质建设中，尤其要注意的是加强教练员的师德建设，它对于优秀运动员的思想道德素质教育具有特殊的、重要的意义。教练员是体育训练的直接组织者和管理者，承担着培训优秀运动员的主要任务，对促进优秀运动员的全面发展起着主导作用。因此，建设一支高水平、高师德的教练员队伍，对于加强体育训练的德育功能至关重要。

现代教练员应该是具有良好师德和相对应的行为规范的有知识、有能力、有威信的教练员。教练员的师德是教练员体育职业道德的集中反映，也是教练员在实施运动训练和培养优秀运动员过程中必须遵守的体育道德规范和社会行为准则。

一个有良好师德的教练员应该具备以下条件：第一，有强烈的体育职业责任感，热爱体育事业，热爱自己的训练工作；第二，有高尚的体育道德情操，以社会主义的道德标准为行为准则，遵纪守法、谦虚谨慎、诚实正直、乐于助人；第三，为人师表，要做到严于律己、宽以待人，处处起表率作用，以自己的优良言行来影响优秀运动员，成为他们效仿的楷模和学习的榜样，关心他们的健康成长，培养他们良好的道德品质，强化对其意志、品质、道德规范的要求，重视育人环节；第四，了解与熟悉优秀运动员各方面的情况，在对其进行思想教育时做到因人而异、有的放矢，发挥每个人的才能、潜力和积极性，使其建立起相互信任、相互尊重的良性关系；第五，对优秀运动员要关怀备至，要像父母关心子女的生活那样关心他们的学习、生活、健康、训练和比赛情况。

加强教练员师德建设的基本途径有三：一是加强制度建设，制定教练员职业道德体系和评价制度，完善教练员资格认定制度；二是坚持做好教练员岗位培训和全面考核工作；三是提升教练员的师德修养。教练员的人格形象，尤其是群体的人格形象是一种无形的模具，时时刻刻对优秀运动员起到塑造作用，因此教练员不仅要有一流的专业技术，而且要有一流的思想作风，既重言教，更重身教。为此，教练员要努力学习有关提高师德的理论，注重自身的品行修养，严于律己，以良好的心态上好每一堂体育训练课；要树立正确的体育职业道德意识，热爱体育教育事业，关爱队员；要模范遵守体育道德规范和社会行为准则。

总之，在新形势下，我们要克服狭隘的教育观，树立全员、全过程、全方位参与的“三全”体育德育观，在优秀运动员的思想道德素质教育中要强调“五性”：一是整体性，即将优秀运动队、学校、家庭、社会看作一个教育整体，齐抓共管；二是全程性，即注重优秀运动员从进队、训练比赛、文化学习到退役的全过程教育；三是渗透性，即体育德育要渗透到优秀运动员的生活、学习和训练之中；四是长效性，就是要建立体育德育的长效机制；五是针对性，我们必须针对优秀运动员思想文化教育的分散性、文化性、示范性和跟踪性的四大基本特征，采取正确的途径和方法，因材施教，因为只有这样才能增强优秀运动员思想道德素质教育的实效性。

第四节　我国竞技体育优势运动项目体教融合的发展路径

我国优势运动项目为国家竞技体育的腾跃作出了卓越贡献，在新时代体教融合改革的浪潮中，应确立我国优势运动项目运动员培养回归教育系统的理性改革趋向。坚持以运动员发展为本位，回归以教育为中心的育人思路，以项目社会化和运动员社会化为两翼，即一方面提倡优势运动项目的社会化开发与推广，另一方面以校园教育促进运动员个人社会化，形成业余阶段普通学校与高等体育院校相衔接的一条龙人才培养体系。

一、坚持以运动员为本的理念，教育社会化是关键

坚持以人民为中心是新时代中国特色社会主义建设与发展的根本立场，坚持以人为本也是“体育强国”建设指导思想的重要内容。在新时代体教融合改革中，我国优势运动项目应立足以人为本，注重保障运动员的文化教育权益，重视运动员全面、健康、可持续发展。以校园教育促进运动员的社会化发展，是坚持以运动员为本理念的重要体现。要将青少年运动员的培养主动纳入教育体系，实现运动员文化教育、运动训练、人格塑造三位一体的培养目标①。校园文化教育是个体社会化发展的重要过程，优势运动项目业余训练时期的运动员大多处于中小学教育阶段，普通学校的教育方式和过程有利于优势运动项目运动员掌握扎实的知识与技能、养成良好的生活习惯，提高其社会交往能力，形成积极的人生观和价值观等，便于未来更好地适应社会发展。因此，优势运动项目不应被排除在竞技体育回归教育的改革之外。优势运动项目运动员理应与普通学生一样，享受同等环境的文化教育过程，这也是全球各国体育竞技人才培养的通用做法。

二、优势运动项目社会化是保障，可持续发展是目标

破除我国体育举国体制中的“锦标主义”“唯金牌论”等价值导向，促进运动员全面发展，推动优势运动项目社会化发展，是实现我国优势运动项目可持续发展目标的重要保障。体校较为封闭化的办学方式导致学生与社会互动的机制产生障碍。跳水、举重、体操、射击、柔道、蹦床等优势运动项目都具有较强的竞技、健身、娱乐等特性，具备各自项目的社会参与属性，因此，封闭性的体校培养模式不应该成为我国优势运动项目的专用品。

①柳鸣毅，龚海培，胡雅静，等．体教融合：时代使命·国际镜鉴·中国方案［J］．武汉体育学院学报，2020，54（10）：5-14.

例如，美国、日本等国家的中小学体操运动推广普及至今几十年，深受广大青少年喜爱；美国拥有体操俱乐部4000余所，300万个家庭常年参加体操活动[①]；举重冠军吕小军被几十万国外粉丝追捧，但在我国却是只有极少数人认可的举重项目和举重运动员。因此，应打破跳水、举重、体操、蹦床等优势运动项目只能是运动员专属的偏见认识，以不同群体的社会需求为导向，拓展竞技、健身、娱乐等多维运动参与目标，以项目社会化与市场化开发为手段，设计多元内容，让其成为广大群众喜闻乐见且乐于参与的运动项目。新时代体教融合以社会需求为导向，体现的是“标本兼治”的可持续科学发展观[②]。总之，运动项目只有融入社会，被社会各阶层接受，逐渐成为社会成员健身娱乐所需项目，才能具有蓬勃发展的生命力，这也是运动项目实现可持续发展的根基。

三、体教部门融合是前提，竞技回归教育是核心

有研究提出，群众基础弱的优势运动项目可继续沿用体校发展模式。但本研究认为，竞技回归教育是新时代体教融合改革的核心，也是我国优势运动项目体教融合改革的方向。基于以人为本的人才培养理念和社会化发展、可持续发展理论，我国优势运动项目人才培养的改革不能再沿用仅仅依靠体校内部培养人才的运行模式，体校文化教育归属教育系统的改革应该是暂时性、过渡性措施。今后，我们应融合教育和体育系统优质资源，将处于我国优势运动项目业余训练阶段的竞技人才培养和项目社会化的主战场转移至校园，将体操馆、跳水馆开设于校园内，吸纳体育系统师资等资源，以优势运动项目社会化开发为手段，使广大校园青少年享受优势运动项目的健身娱乐功能，形成普及与提高齐抓共举的局面。传统少体校可转型为区域性的体育服务供给机构或基地，联合社会资源打造成为以提供体育培训服务为主的开放式社会机构。改革分流后的体校优势运动项目教练员，一方面可以在转型后的社会机构提供服务，另一方面可以在学校兼职提供有偿服务，这种校园服务主要包括体育特长生训练指导和广大

①刘红波．我国竞技体操人才培养的社会化发展［J］．北京体育大学学报，2012，35（1）：43-46，124.

②阳艺武，伍艺昭．体教融合背景下青少年体育后备人才培养的现实审视与战略取向［J］．武汉体育学院学报，2021，55（1）：80-86.

青少年有偿健身服务两方面。这样才能体现优势运动项目的竞技回归教育改革，实现体教部门的资源融合，筑牢项目的社会化发展基础。

四、优质学校合作是措施，提升教育质量是前提

遴选教学质量高、体育氛围好、硬件条件过硬的优质普通中小学，建立优势运动项目的试点学校。在优势运动项目的基础训练阶段，试点中学可以衔接多所试点小学，构建区域性的试点学校网络体系。优质的学校具有文化教育优势，能充分保障教学质量，也可以吸纳广大具有运动天赋的学生加入。另外，这类学校具备学校师资、硬件设施、经费等条件优势。同时，优质的学校辐射区域广，便于衔接试点学校的网络群。优势运动项目试点学校可以融合体校和社会资源，在保障教育质量的基础上，利用课后时间，为优势运动项目特长学生提供专业的技术指导，为普通学生提供健身活动服务等。

五、要重视解决学训矛盾，提高训练效率是手段

学训矛盾是新时代体教融合改革推进过程中必须解决的关键问题。世界各体育强国同样面临着学训矛盾的问题，这是由竞技体育内在发展规律决定的[①]。但诸多体育强国中没有一个国家以降低学业要求的方式来解决学训矛盾问题[②]。提高运动训练效率、注重时间效益管理是解决竞技训练与文化学习之间矛盾的有效手段。学校应充分保证训练的业余性（尤其是在业余训练时期），并以制度方式强化执行效力。例如，美国高校NCAA联盟明确了训练和竞赛的时间管理问题，在保证高质量文化教育的前提下，培养全面发展的高校高水平运动员。我国重点体校和运动学校的训练时间较长，多采用每周六天、上午和下午都训练的安排，以强化运动员的专项体能和技能。我国优势运动项目训练时间长、早期专项化的问题更为严重。缺乏制度管理、

①刘波，王松，陈颇，等．当前体教融合的研究动态与未来展望［J］．北京体育大学学报，2021，44（1）：10-17.

②钟秉枢．问题与展望：体教融合促进青少年健康发展［J］．上海体育学院学报，2020，44（10）：5-12.

忽视训练效率是出现这种问题的直接原因。

六、发挥体院优势是思路，要衔接网络体系建设

培养体育人才是高等体育院校的社会责任。高等体育院校在我国优势运动项目竞技人才培养的改革中发挥重大作用。我国优势运动项目的竞技成绩与体育院校的人才培养可以强强联手，实现资源互补。优势运动项目高级阶段的竞技训练要求更专业，训练条件保障要求也更高，而我国高等体育院校具有相应的训练、教学、科研等资源优势。我国的许多高等体育院校都有附属竞技体校，因此这些院校具有开办运动队或与运动队合作的办学经验，有一定的优势运动项目师资资源，具备较好的硬件设施条件，并且有良好的文化教育资源和教育环境。高等体育院校可以负责后备人才培养的高级阶段，与优势运动项目试点中小学形成合力，共同构建我国优势运动项目后备人才培养的网络体系，打造优势运动项目试点小学（初级或基础阶段）—试点中学（中级阶段）—高等体育院校（高级阶段）的“一条龙”式的人才培养模式。

后 记

优势运动项目的发展不仅依赖于政策的有力支持，还需要激发、转折和创新要素的有效整合。在这一过程中，我们坚持立足于国情和自主性创新，充分认识到这些项目的形成与发展呈现波浪式前进的特点。尽管不同项目之间存在发展不均衡的现象，但我们认识到这种不平衡将长期存在，而成功没有最佳模式，只能根据实际情况进行合理选择。

体教融合作为体育强国和教育强国建设的支撑之一，在时代发展中发挥重要作用。作为青少年体育和教育工作的重要组成部分，体教融合通过深化改革促进青少年健康发展，彰显了“牵一发而动全身”的公共政策效能①。这种融合不仅仅是简单的结合，更是一种协同合作，为青少年提供更全面的发展机会，培养有着健康体魄和坚实的知识基础的新一代公民，为国家的繁荣和进步贡献力量。

在研究的过程中，我们深感责任重大，对国家体育和教育事业的发展充满信心。这一研究不仅仅是对过去的总结，更是对未来的引领。希望我们的努力能够为优势运动项目与体教融合的研究提供有益的参考，为我国的体育事业和教育事业贡献更多的智慧和力量。随着体教融合的实现，我国优势运动项目也会发展得更加迅猛。

①柳鸣毅，龚海培，胡雅静，等. 体教融合：时代使命·国际镜鉴·中国方案［J］. 武汉体育学院学报. 2020，54（10）：5-14.

参考文献

[1] 段雪梅，徐海鹏."体教融合"背景下高校复合型人才培养策略[J].中国体育教练员，2021，29（3）：79-80.

[2] 冯春辉，柴国荣.多层次治理视域下我国体教融合发展困境及完善对策[J].体育文化导刊，2022（1）：98-103.

[3] 马艳红."体教结合"竞技体育人才培养模式的探索[M].北京：人民体育出版社，2020.

[4] 刘海元，展恩燕.对贯彻落实《关于深化体教融合促进青少年健康发展的意见》的思考[J].体育学刊，2020，27（6）：1-11.

[5] 肖平.竞技运动项目优势转移[M].北京：科学出版社，2021.

[6] 李浩."体教融合"视域下学生终身体育意识培养的研究[J].内江科技，2021，42（12）：70-71.

[7] 杨波，刘海粟，焦健华，等.体教融合背景下体育课程思政的实践路径[J].湖北体育科技，2021，40（12）：1121-1124.

[8] 吕瑞莹.体教融合背景下台山排球传统校后备人才培养的调查研究[D].广州：广州体育学院，2021.

[9] 刘红香.高校体教融合体制难点及制度设计研究[J].青少年体育，2021（11）：87-88.

[10] 张英.体教融合背景下退役运动员转型体育教师的困境与出路[J].中国体育教练员，2021，29（4）：39-41，45.

[11] 柳鸣毅，孙术旗，胡雅静，等.我国高等体育院校体教融合策略[J].体育学研究，2020，34（5）：21-30.

[12] 刘鹤.体教融合背景下江西省古典式摔跤竞技后备人才培养路径研究[D].南昌：江西科技师范大学，2021.

[13] 徐振会.新时代体教融合背景下高校网球教学改革策略分析[J].当代体育科技，2021，11（31）：114-116.

[14] 杨丽娜. 西安市青少年校园足球“体教融合”实践状况及对策研究[D]. 西安：陕西师范大学，2019.
[15] 杨蒙蒙，吴贻刚. 体教融合背景下学校体育竞赛体系价值、困境与完善路径[J]. 体育文化导刊，2021（10）：96-102.
[16] 黄皓. “体教融合”背景下宁夏竞技体育后备人才培养路径研究[D]. 银川：宁夏大学，2021.
[17] 阳艺武. 竞技体育后备人才培养可持续发展运行机制研究[M]. 武汉：武汉大学出版社，2018.
[18] 杨宇峰，张蕊. 体教结合：培养体育后备人才[J]. 当代贵州，2021（50）：42-43.
[19] 胡阳. 上海市竞技体育比较优势与项目布局研究[D]. 上海：上海师范大学，2021.
[20] 王光明. 我国竞技体育后备人才培养路径研究[M]. 北京：中国原子能出版社，2018.
[21] 林婧婧. 温州体育运动学校体教结合培养体育后备人才研究[D]. 大庆：黑龙江八一农垦大学，2020.
[22] 黄涛. 体育教育专业人才培养模式研究与构建[M]. 北京：中国纺织出版社，2019.
[23] 周凰，邓伲姣，马卉君，等. 体教融合理念下学校体育内涵式发展实践困境与推进策略[J]. 体育文化导刊，2021（12）：91-97.
[24] 姜鑫，高炳宏. 体教融合视域下体校人才培养模式的困境与对策[J]. 北京体育大学学报，2021，44（9）：166-175.
[25] 李兰忠. 体教融合模式下中美高校高水平篮球运动员培养的比较研究[J]. 青少年体育，2021（12）：66-67，56.
[26] 钟秉枢. 问题与展望：体教融合促进青少年健康发展[J]. 上海体育学院学报，2020，44（10）：5-12.
[27] 李建新，薛胜. 体育[M]. 北京：研究出版社，2018.
[28] 李乐虎，王健，高奎亭，等. 深化体教融合背景下我国学校体育治理的现实困境与路径选择[J]. 天津体育学院学报，2021，36（5）：520-527.
[29] 韩春龙，何敬恩. 新时代体教融合背景下学校体育改革发展路径研究[J]. 青少年体育，2021（8）：74-75，88.

[30] 夏同云. 体教结合背景中的班集体建设研究 [D]. 南京：南京师范大学，2021.

[31] 刘恒睿. “体教结合”模式下上海市青少年羽毛球后备人才培养研究 [D]. 上海：上海体育学院，2020.

[32] 刘纯献，刘盼盼. 学校体育改革的成就、问题与突破 [J]. 北京体育大学学报，2020，43（2）：71–82.

[33] 王敬雯. “体教结合”内涵的演进历程研究 [D]. 大连：大连理工大学，2019.

[34] 杨扬. “体教结合”模式下泰安市体校篮球后备人才培养研究 [D]. 济宁：曲阜师范大学，2020.

[35] 朱悦潆. 体教融合背景下我国青少年网球赛事体系研究 [D]. 武汉：武汉体育学院，2021.

[36] 毛振明，查萍，洪浩，等. 从“体教分离”到“体教融合”再到“体教回归”的中国逻辑 [J]. 体育学研究，2021，35（4）：1–8.

[37] 刘红波，韩涛，郝献泽. 我国竞技体育优势项目体教融合的困境与发展路径分析 [J]. 河南理工大学学报（社会科学版），2022，23（6）：92–97.

[38] 刘波，郭振，王松，等. 体教融合：新时代中国特色竞技体育后备人才培养的诉求、困境与探索 [J]. 体育学刊，2020，27（6）：12–19.

[39] 毛振明，夏青，钱娅艳. 论体教融合的问题缘起与目标指向 [J]. 体育学研究，2020，34（5）：7–12.

[40] 勾玉铎，花楷. 新发展理念下体教融合高质量发展：内涵、困境与路向 [J]. 沈阳体育学院学报，2021，40（5）：32–39，75.

[41] 顾春雨. 我国竞技体育优势项目的形成与演进 [D]. 北京：北京体育大学，2013.

[42] 柳鸣毅，龚海培，胡雅静，等. 体教融合：时代使命·国际镜鉴·中国方案 [J]. 武汉体育学院学报，2020，54（10）：5–14.

[43] 龙斌，李芳，李亚俊. 对新形势下优秀运动队领队工作性质、特点及应具备的素质的探骊 [J]. 首都体育学院学报，2005（3）：17–19.

[44] 彭亦兵. 论加强体育训练的德育功能 [J]. 体育文化导刊，2008（3）：101–102.

［45］彭亦兵. 优秀运动员思想道德素质教育研究［J］. 长沙：湖南师范大学，2005.
［46］阳艺武. 基于知识图谱的我国竞技体育后备人才培养研究热点及演化［J］. 上海体育学院学报，2015，39（2）：73-79.
［47］马志和，张林，郭培，等. 国外教育系统培养竞技体育后备人才的共性经验及其启示［J］. 上海体育学院学报，2005（1）：18-21，43.
［48］张宇霆. 体育院校优秀运动员人才培养模式的研究［D］. 沈阳：沈阳体育学院，2011.
［49］李荣宇. "体教融合"背景下四川省竞技体操后备人才培养研究［D］. 成都：成都体育学院，2022.
［50］缪佳. 美俄法澳四国竞技体育体制的组织结构比较［J］. 上海体育学院学报，2009，33（2）：34-39.
［51］于克巍. 体育院校竞技体育后备人才培养的优化研究［D］. 沈阳：沈阳体育学院，2012.
［52］李丽. "木桶理论"视角下的中国竞技体育管理机制的构建与完善——对中国短道速滑队现象的思考［J］. 广州体育学院学报，2012，32（1）：10-14.
［53］姜鑫，高炳宏. 体教融合视域下体校人才培养模式的困境与对策［J］. 北京体育大学学报，2021，44（9）：166-175.
［54］勾玉铎. 新发展理念下体教融合高质量发展研究［D］. 武汉：武汉体育学院，2022.
［55］张学军. 新时代中国特色体教融合研究现状及展望［J］. 甘肃高师学报，2022，27（6）：97-103.
［56］杨国庆，刘宇佳. 论新时代体教融合的内涵理念与实施路径［J］. 天津体育学院学报，2020，35（6）：621-625.
［57］丁省伟，储志东. 是何·为何·如何：体教融合研究综述与展望［J］. 上海体育学院学报，2022，46（7）：89-102.
［58］刘红波，李爱增，薛红卫. 新时代我国优势运动项目人才培养困境、改革阻力与路径优化［J］. 西安体育学院学报，2023，40（4）：451-459.